어린이 사자소학

어린이 사자소학

2025년 2월 10일 발행

기획 | 청소년인성문고편찬회
글 | 엄기원
그린이 | 황명희
교정교열 | 엄기원 김영이
편집진행 | 조정희 박찬옥
표지디자인 | 강대현
원색분해 | 테크미디어

펴낸이 | 조병철
펴낸곳 | 한국독서지도회
등록 | 2006년 5월 8일 (제2018-000066호)
주소 | 서울특별시 용산구 이촌로2가길 36, 5동 102호
TEL | 02-704-8520
FAX | 0303-3130-8590

◆ 이 책 내용의 일부 또는 전부를 사용하려면 반드시 저작권자의 동의를 얻어야 합니다.
◆ 책값은 뒤표지에 있습니다. 잘못된 책은 바꿔 드립니다.

ISBN 978-89-7788-279-9

어린이제품안전특별법에 의한 제품 표시

제조자명 한국독서지도회 | 제조년월 2020년 1월 | 제조국 대한민국 | 사용연령 8세 이상 어린이 제품
주소 및 연락처 서울특별시 용산구 이촌로2가길 36, 5동 102호 (02)704-8520

어린이 사자소학

엄기원 엮음

머리말

생각과 행동의 길잡이 책

 이 책 이름이 《사자소학》입니다. 즉 네 글자의 한자로 된 글로 생활에 작은 가르침이 된다는 의미를 담고 있습니다. 그러므로 삶의 지혜를 담고 있는 책이라 하겠습니다.
 네 글자로 되어 있고, 비교적 쉬운 글자들로 이루어져 있으므로 익히기 쉽습니다. 그러므로 《천자문》, 《동몽선습》과 더불어 어린이들에게 필요한 책입니다.
 이 책의 원문은 내용이 훨씬 많습니다. 이 책은 그 중에서 꼭 필요한 것만을 추려 뽑았습니다. 그리고 누구나 쉽게 익히고 배울 수 있도록 한문 글자에 토를 달아 놓았습니다.
 뿐만 아니라 원문을 번역하는 데 글자 풀이보다는 의미를 바르게 전달하도록 노력하였음을 밝혀 둡니다.
 오늘날은 기계 문명이 너무 발달해서인지 사람들의 마음이 각박해지고 이기적이며, 행동 또한 예의범절에 어긋난 행동을 하는 이들이 많습니다. 그래서 마음과 행동을 다잡아 주는 《사자소학》 같은 교재가 더욱 필요하다고 생각됩니다.
 이 책이 어린이와 청소년들에게 더 많이 읽혀졌으면 합니다. 그래야 우리 나라의 미래가 더욱 밝고 아름다워질 것입니다,

차 례

한자와 함께 배우는 어린이 사자소학

父生我身 母鞠吾身	부생아신 모국오신	·14
以衣溫我 以食活我	이의온아 이식활아	·15
恩高如天 德厚似地	은고여천 덕후사지	·16
父母呼我 唯而趣之	부모호아 유이추지	·22
父母責之 勿怒勿答	부모책지 물노물답	·23
父母有病 憂而謀療	부모유병 우이모료	·24
父母出入 每必起立	부모출입 매필기립	·28
出必告之 反必拜謁	출필고지 반필배알	·29
父母愛之 喜而勿忘	부모애지 희이물망	·30
行勿慢步 坐勿倚身	행물만보 좌물의신	·38
勿立門中 勿坐房中	물립문중 물좌방중	·39
鷄鳴而起 必盥必漱	계명이기 필관필수	·40
言語必愼 居處必恭	언어필신 거처필공	·41
始習文字 字劃楷正	시습문자 자획해정	·42
父母之年 不可不知	부모지연 불가부지	·43
飮食雖惡 與之必食	음식수악 여지필식	·44
衣服雖惡 與之必着	의복수악 여지필착	·45
父母臥命 俯首聽之	부모와명 부수청지	·46
愛親敬兄 良知良能	애친경형 양지양능	·50

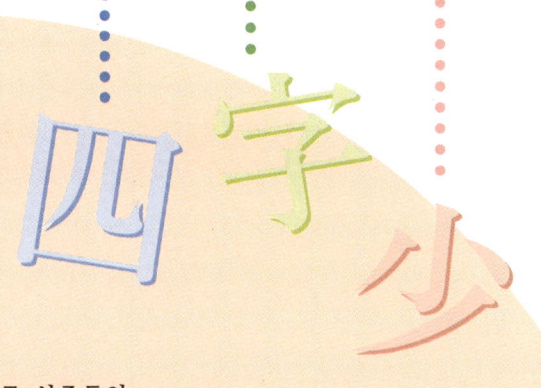

寢則連衾 食則同案	침즉연금 식즉동안	·51
口勿雜談 手勿雜戲	구물잡담 수물잡희	·52
借人典籍 勿毀必完	차인전적 물훼필완	·53
兄無衣服 弟必獻之	형무의복 제필헌지	·54
弟無飲食 兄必與之	제무음식 형필여지	·55
兄弟之情 友愛而已	형제지정 우애이이	·56
飲食親前 勿出器聲	음식친전 물출기성	·57
勿與人鬪 父母憂之	물여인투 부모우지	·58
紙筆硯墨 文房四友	지필연묵 문방사우	·59
晝耕夜讀 夏禮春詩	주경야독 하례춘시	·60
言行相違 辱及于先	언행상위 욕급우선	·61
行不如言 辱及于身	행불여언 욕급우신	·66
出不易方 遊必有方	출불역방 유필유방	·70
身體髮膚 受之父母	신체발부 수지부모	·71
不敢毀傷 孝之始也	불감훼상 효지시야	·72
立身行道 揚名後世	입신행도 양명후세	·76
見善從之 知過必改	견선종지 지과필개	·80
作事謀始 出言顧行	작사모시 출언고행	·81
常德固持 然諾重應	상덕고지 연락중응	·82

飮食愼節 言爲恭順	음식신절 언위공순	·83
起居坐立 行動擧止	기거좌립 행동거지	·84
禮義廉恥 是謂四維	예의염치 시위사유	·90
禮俗相交 患難相恤	예속상교 환난상휼	·91
德業相勸 過失相規	덕업상권 과실상규	·96
貧窮患難 親戚相救	빈궁환란 친척상구	·102
父義母慈 兄友弟恭	부의모자 형우제공	·103
夫婦有恩 男女有別	부부유은 남녀유별	·104
婚姻死喪 隣保相助	혼인사상 인보상조	·105
在家從父 適人從夫	재가종부 적인종부	·110
夫死從子 是謂三從	부사종자 시위삼종	·111
父爲子綱 君爲臣綱	부위자강 군위신강	·118
夫爲婦綱 是謂三綱	부위부강 시위삼강	·119
父子有親 君臣有義	부자유친 군신유의	·122
夫婦有別 長幼有序	부부유별 장유유서	·123
朋友有信 是謂五倫	붕우유신 시위오륜	·124
仁義禮智 人性之綱	인의예지 인성지강	·125
非禮勿視 非禮勿聽	비례물시 비례물청	·126
非禮勿言 非禮勿動	비례물언 비례물동	·127

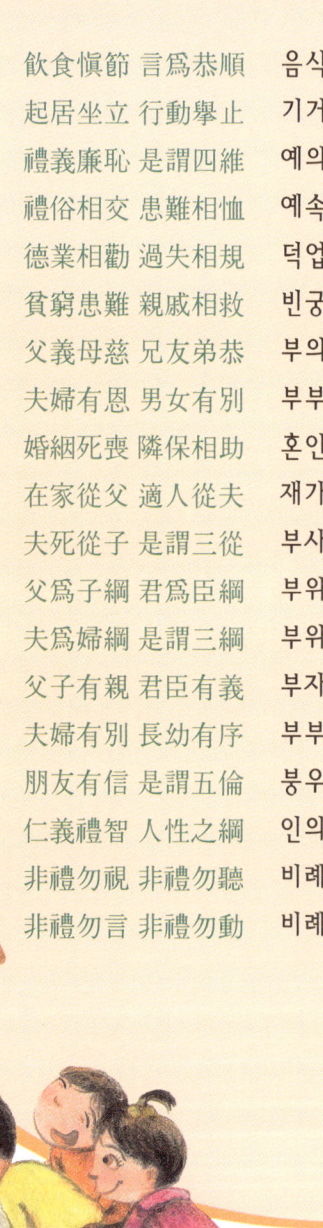

孔孟之道 程朱之學	공맹지도 정주지학	·132
色思必溫 貌思必恭	색사필온 모사필공	·133
憤思必難 疑思必問	분사필난 의사필문	·138
事思必敬 言思必忠	사사필경 언사필충	·139
足容必重 手容必恭	족용필중 수용필공	·144
目容必端 口容必止	목용필단 구용필지	·145
聲容必靜 氣容必肅	성용필정 기용필숙	·146
頭容必直 立容必德	두용필직 입용필덕	·147
修身齊家 治國之本	수신제가 치국지본	·148
士農工商 國家利用	사농공상 국가이용	·149
鰥寡孤獨 謂之四窮	환과고독 위지사궁	·150
發政施仁 先施四者	발정시인 선시사자	·151
十室之邑 必有忠信	십실지읍 필유충신	·156
一粒之穀 必分以食	일립지곡 필분이식	·160
言則信實 行必正直	언즉신실 행필정직	·161
一縷之衣 必分以衣	일루지의 필분이의	·162
積善之家 必有餘慶	적선지가 필유여경	·166
積惡之家 必有餘殃	적악지가 필유여앙	·167
正其誼而 不謀其利	정기의이 불모기리	·168

父生我身 母鞠吾身
부생아신 모국오신

[아버지는 내 몸을 낳게 하시고
어머니는 내 몸을 기르셨다.]

 **한자의 뜻과 소리**

父(아비 부) 生(날 생) 我(나 아) 身(몸 신) 母(어미 모) 鞠(기를 국)
吾(나 오)

 보충설명

이 세상에는 아버지 어머니 없이 태어난 사람은 아무도 없을 것이다.
'나'라는 한 인간이 이 세상에 처음 태어난 것은 아버지와 어머니 두 사람에 의해서 태어났다. 즉, 아버지는 내가 이 세상에 태어나게 직접적인 원인을 제공해 주신 분이고, 어머니는 아버지의 피를 받아 나를 낳아 젖을 먹이며 키워 주신 분이다.
위에서 '아버지는 내 몸을 낳게 하시고 어머니는 내 몸을 기르셨다.'고 한 것은 부모 두 분을 따로 갈라 놓기 어렵다는 뜻이 숨겨져 있다.

以衣溫我 以食活我
이 의 온 아 이 식 활 아

[옷을 입혀 나를 따뜻하게 해 주시고
음식을 먹여 나를 키우셨다.]

 **한자의 뜻과 소리**

衣(옷 의) 溫(따뜻할 온) 食(밥 식) 活(살 활)

 **보충설명**

이 글에서는 부모님이 나를 낳아서 어떻게 키우셨나를 구체적으로 나타내고 있다. 즉, '옷을 입혀 따뜻하게 해 주시고, 음식을 먹여 나를 이만큼 키우셨다.' 고 했다. 부모님이 나를 키우시는 데 힘든 일이 헤아릴 수 없이 많지만, 가장 크고 가장 대표적인 일이 잘 먹이고 따뜻이 입힌 일이 아니겠는가!

恩　은혜 은
恩
高　높을 고
高
如　같을 여
如
天　하늘 천
天

恩高如天　德厚似地
은 고 여 천　덕 후 사 지

[은혜가 높기는 하늘과 같고
덕이 두텁기는 땅과 같다.]

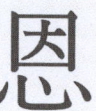 **한자의 뜻과 소리**

恩(은혜 은)　高(높을 고)　如(같을 여)　天(하늘 천)　德(큰 덕)
厚(두터울 후)　似(같을 사)　地(땅 지)

 **보충설명**

　부모님의 은혜와 사랑을 어디에 견줄 수 있을까? 너무 크기 때문에 하늘과 땅밖에는 견줄 바가 없다. 그러므로 부모님이 나를 낳고 기르신 은혜는 한없이 높은 하늘과 같다. 또 부모님의 덕이 두텁기는 땅과 같다고 할 수 있다.
　그런데 요즘 젊은이나 어린이 중에는 아버지 어머니의 하늘 같고 땅 같은 은혜를 모르고 도리어 "왜 우리 집은 부자가 못 되었어요?", "왜 나를 이렇게 키가 작게 낳았어요?" 하고 원망하는 어리석은 사람들이 많으니 참으로 한심스러운 노릇이다.

이상한 오이씨

옛날에 한 색시가 결혼 첫날밤에 그만 신랑 앞에서 방귀를 '뽀~옹' 하고 뀌었대요.
신랑은 신부의 조심성 없는 행실에 정나미가 떨어져 색시를 버리고 그냥 집으로 돌아왔대요.
그런데 이 색시는 열 달 후에 그 신랑의 아들을 하나 낳았어요. 이 아이는 아무 탈 없이 무럭무럭 자라서 어느덧 서당에 다니며 글을 배우는데 다른 아이들이,
"너는 왜 아버지가 없니?"
"아비 없는 후레자식! 아비 없는 후레자식!"
하고 놀리지 않겠어요?
아이는 울면서 집에 돌아와 어머니한테 물어 봤어요.
"어머니, 난 아버지가 안 계시나요?"
"그렇단다. 너는 아버지가 안 계셔."
어머니는 한숨을 쉬면서 대답했어요.
"어째서 아버지가 안 계시나요? 날아다니는 새도 아비가 있고, 소도 개도 아비가 있다는데 왜 나만 아버지가 안 계신가요. 어서 말해 주세요. 무슨 까닭이 있지요?"
아이는 울면서 말했어요.

德 큰 덕

厚 두터울 후

似 같을 사

地 땅 지

어머니는 아들이 하도 졸라대는 게 안타까워 말문을 열었어요.

"너라고 왜 아버지가 안 계시겠니? 너도 훌륭한 아버지가 계시단다."

"네? 그게 정말이어요? 그럼 우리 아버지는 어디 계세요?"

"저어, 너의 아버지는 아주 먼 곳에 계셔."

"그런데 어째서 아버지는 한 번도 안 오세요?"

아들은 울먹이면서 자꾸 캐물었어요.

"그건 그럴 만한 일이 있어서 안 오시는 거란다."

"무슨 일이에요? 어머니, 말씀해 주세요!"

아들은 어머니의 손을 잡고 졸라댔어요.

어머니는 아들의 성화에 못 이겨 마침내 무거운 입을 열었어요.

"실은 내가 시집 오던 첫날밤에 실수를 하여 그만 방귀를 한 번 뀐 것이 너의 아버지 비위를 거슬리고 말았단다. 그 일로 네 아버지는 나를 버리고 가신 후 영영 다시 돌아오시지 않는 거란다."

그러면서 어머니는 아들의 손을 잡고 울었어요.

"아버지는 지금 어디 계시나요?"

"이웃 고을에 원님으로 계신단다."

어머니의 말씀을 들은 소년은 그 날부터 서당에도 가지 않고 미루나무를 베어다가 오이씨 모양으로 정성껏 깎았어요.

어머니는 궁금해서 아들에게 물어 봤어요.

"애야, 그게 뭐니?"

"이걸 가지고 아버지를 찾아가려고요."

이윽고 소년은 원님의 집 앞으로 갔어요. 그리고는 대문 밖에서 큰 소리로 외쳤어요.

"아침에 심어서 저녁때 따 먹는 오이씨 사시오! 아침에 심으면 저녁때 따 먹을 수 있는 오이씨요!"

"뭣이라? 아침에 심어서 저녁에 따 먹는 오이라고?"

원님은 귀가 번쩍 띄었습니다.

"여봐라, 그 이상한 오이씨 장수를 불러들여라."

원님은 당장 소년을 불러들였어요.

"정말로 아침에 심어서 저녁때 따 먹을 수 있는 오이씨렷다!"

"아, 그럼요. 어느 앞이라고 거짓말을 하겠습니까?"

소년은 당당한 모습으로 오이씨 자루를 원님 앞에 내려놓았어요.

"내가 이 오이씨를 몽땅 사겠다. 그 대신 네 말대로 오이씨를 아침에 심어서 저녁때 따 먹지 못하면 너는 죽을 각오를 해야 한다. 알겠느냐?"

원님은 큰 소리로 다짐을 받았어요.

"예, 그렇습니다. 그런데 한 가지 부탁이 있습니다."

"부탁이라니?"

소년은 능청스럽게 말했어요.

"이 오이씨는 아주 특별한 씨앗이라 보통 사람이 심어서는 안 됩니다. 사또."

"그럼 어떤 사람이 심어야 하느냐?"
"세상에 태어나서 방귀를 한 번도 뀌지 않은 사람이 심어야 합니다."
그러자 원님은 벌컥 성을 냈어요.
"예끼 놈! 세상에 방귀를 한 번도 안 뀌어 본 사람이 어디 있느냐?"
"그러한 줄 아시면서 원님께서는 어찌하여 새색시가 첫날밤에 방귀를 한 번 뀌었다고 소박하셨습니까?"
원님은 소년이 하는 말을 듣고 보니 마음 속에 짚히는 일이 하나 있어 이 소년을 가까이 불러 자세히 알아보았어요.
소년의 이야기를 처음부터 듣고 난 원님은 자기의 잘못을 뉘우쳤습니다. 그리고는 예전에 자신이 버렸던 부인과 아들을 불러들여 아주 행복하게 살았다는 이야기입니다.

父母呼我 唯而趨之
부모호아 유이추지

[부모가 나를 부르시거든
대답하고 얼른 달려가야 한다.]

한자의 뜻과 소리

呼(부를 호) 我(나 아) 唯(오직 유) 而(말 이을 이) 趨(달릴 추) 之(갈 지)

보충설명

아버지 어머니께 효도하는 일이란 내가 돈을 많이 벌어서 호화로운 생활을 하게 해 드리는 게 아니다. 효도는 아주 작은 일부터 실천하는 것이다.

이 글에서처럼 아버지 어머니께서,

"얘, 철수야." 하고 부르시면 "네." 하고 대답하면서 밝은 얼굴로 달려가는 것이 아버지 어머니의 마음을 기쁘게 해 드리는 일이며 그게 곧 효도이다.

효도란 결코 크고 어려운 일이 아니라, 평소 생활 속에서 행하는 작고 쉬운 일임을 깨달아야 한다.

父母責之 勿怒勿答
부모책지 물노물답

[부모님이 나를 꾸짖으시더라도
성내지 말고 말대답도 하지 말라.]

한자의 뜻과 소리

責(꾸짖을 책) 勿(말 물) 怒(성낼 노) 答(대답할 답)

보충설명

요즘 어린이나 청소년들은 버릇이 없다는 말을 많이 듣는다.

버릇이 없다는 말은 무슨 뜻인가? 한 마디로 말해 예의범절(예절)이 부족하다는 말이다. 그것은 어렸을 적부터 부모님 밑에서 기본적인 가정 교육을 잘 받지 않고 제멋대로 제 고집대로 자랐기 때문이다.

이 글에서는 '부모님이 나를 꾸짖더라도 성을 내지도 말고 말대답도 하지 말라.' 고 가르치고 있다.

어떤 경우에는 부모님의 말씀이 현재의 자신에게 조금 맞지 않을 수 있다. 설령 그렇다 할지라도 세대차니 뭐니 하고 부모님의 말씀을 따지고 무시하는 것보다 다소곳이 부모님의 훈계를 듣는 것이 자식이 취해야 할 부모님에 대한 예의라 하겠다.

아비 부

어미 모

있을 유

병 병

父母有病 憂而謀療
부모유병우이모료

[부모님께서 병환이 있으시면
근심하며 치료할 것을 궁리하라.]

 한자의 뜻과 소리

有(있을 유) 病(병 병) 憂(근심할 우) 而(말 이을 이)
謀(꾀할 모) 療(병 고칠 료)

 보충설명

　만약 내가 아파 누웠을 때 아빠 엄마가 돌아보지도 않는다면 얼마나 섭섭하겠는가? 이와 마찬가지다. 만일 이처럼 부모님이 병환 중에 계실 때는 말할 것도 없고 집안에 근심 걱정거리가 생겼을 때에도 우리는 마땅히 가족과 함께 걱정을 나누고 해결하도록 힘써야 한다.
　부모님이 병환으로 누워 계시면 무엇보다 조용히 하고 환자를 자주 들여다보고, 조금이라도 불편을 덜어 드리도록 애쓰고 마음과 행동을 공손히 하는 것이 자식 된 사람의 도리이다.

효도에 대하여

부모님의 마음을 편안하게 해 드리는 일을 효도라고 합니다.

예로부터 우리 나라 사람들은 아들 딸이 어버이께 효도하는 것을 큰 자랑으로 여기고 몸소 실행해 왔습니다.

그럼 우리가 몸소 실행할 수 있는 효도의 방법은 어떤 것일까요?

몇 가지 적어 봅시다.
- 부모님의 뜻을 존중하고 따른다.
- 부모님을 도와 드린다. 이 때 대가를 바라서는 안 된다.
- 부모님 앞에서 공손하고 부드러운 말씨를 쓴다.
- 부모님의 심정을 깊이 이해하려 노력한다.
- 부모님의 실수를 이해하고 받아들이는 아량을 지닌다.
- 부모님을 이해하고 대화할 수 있는 분위기를 만들도록 노력한다.
- 부모님께나 형제간에 바른 예절을 지킨다.
- 형과 아우가 서로 이해하고 돕는 미덕을 기른다.
- 언제나 맡은 일을 성실히 하도록 노력하며, 근면성과 성실성을 부모님께 보여 드린다.

근심할 우

말이을 이

꾀할 모

병고칠 료

· 부모님께서 즐거울 때와 울적할 때, 괴로울 때와 답답할 때, 한가할 때와 분주할 때 부모님의 마음을 잘 헤아려 도와 드린다.

위와 같은 일들은 누구나 평소 조금만 관심을 갖는다면 실천할 수 있습니다. 하지만 그 실천이 그리 쉽지 않습니다. 공책에 일기 쓰는 일처럼, 처음 몇 번은 쉽게 하게 됩니다. 그런데 얼마쯤 시간이 흐르면 흐지부지해지기 쉽습니다.
부모님의 마음을 기쁘게 해 드리는 작은 효도!
그것은 오직 꾸준한 실천이 중요합니다. 그 실천이 몸에 배면 좋은 습관이 될 것입니다.

父母出入 每必起立
부 모 출 입 매 필 기 립

[부모님이 대문을 드나드실 때는
반드시 일어서서 인사하라.]

 **한자의 뜻과 소리**

出(날 **출**)　入(들 **입**)　每(매양 **매**)　起(일어설 **기**)　立(설 **립**)　必(반드시 **필**)

 보충설명

　아버지 어머니가 외출하실 때 아들 딸들은 당연히 일어서서 대문까지 나가 배웅을 해야 한다. 이 일은 가정 생활에서 어른을 대하는 가장 기본적인 예절이다.
　아버지 어머니가 외출하시는데 아들 딸이 각기 자기 방에 들어앉아 모르는 체하거나, 입으로만 "다녀오세요." 하고 건성으로 인사하는 것은 버릇없는 행동이다.
　부모님이 외출하고 돌아오실 때도 마찬가지다. 자기 방에서 숙제를 하다가도 어른이 돌아오시는 인기척이 있으면 달려나가 반갑게 인사하며 맞이하는 게 자식의 도리이다.

出必告之 反必拜謁
출필고지 반필배알

[집을 나갈 때는 반드시 고하고
돌아와서는 반드시 찾아뵈어야 한다.]

한자의 뜻과 소리

出(날 **출**) 告(알릴 **고**) 反(되돌릴 **반**) 拜(절 **배**) 謁(아뢸 **알**)

보충설명

 아버지 어머니는 물론이고 집안에 웃어른이 계시면, 볼일이 있어 집을 나설 때 반드시 말씀드려야 한다.
 "엄마, 영수네 집에 잠깐 다녀올게요."
 "할머니, 한 시간만 놀이터에서 놀고 올게요."
하고 나가는 장소를 말씀드리는 게 예의이다.
 집에 돌아왔을 때도 어른 앞에 얼굴을 보이고 인사를 드려야 한다.
 부모님은 아들 딸이 밖에 나가면 행여나 무슨 일이 생기지 않을까 걱정하게 된다.
 혹시 나갔다가 귀가 시간이 늦어지면 꼭 전화로 미리 말씀드려 집안 어른들의 걱정을 덜어 드리도록 한다.

出 날 출
出
每 매양 매
每
起 일어설 기
起
告 알릴 고
告

父母愛之 喜而勿忘
부모애지 희이물망

[부모가 나를 사랑하시거든
기뻐하며 그 은혜를 잊지 말라.]

 **한자의 뜻과 소리**

愛(사랑 애) 之(갈 지) 喜(기쁠 희) 忘(잊을 망)

 **보충설명**

아버지 어머니는 내가 아무리 못 생겼어도 이 세상에서 제일이라고 여기며 사랑하신다. 내가 공부를 잘 못한다고 겉으로는 꾸중하셔도 속마음으로는 '이 녀석이 언젠가는 열심히 할 것이다!' 하고 믿으신다. 이런 부모님의 사랑을 받을 때 마음 속으로 기뻐하며 그 은혜를 잊어서는 안 된다.

옛날 풍습에는 노부모가 계신데 아들이 회갑(만 60세)을 맞이하면 그 아들이 색동옷을 지어 입고 노부모님 앞에서 재롱을 부리며 춤을 추었다. 부모의 사랑과 은혜를 잊지 않고 기쁘게 해 드리기 위해서이다.

박석고개의 전설

 서울의 서쪽 '구파발'이란 마을 남동쪽에 있는 고개 이름이 '박석고개'입니다.

 옛날 옛날 아주 옛날에 이 고개 근처 조그만 마을에 박씨 성을 가진 젊은 선비가 앞을 못 보는 늙은 어머니를 모시고 살았다고 합니다.

 아버님을 일찍 여읜 이 젊은이는 홀로 계신 어머니를 봉양하느라고 장가도 못 들고 딱하게 살아가고 있었습니다.

 보통 젊은이 같으면 늙은 장님 어머니를 모시고 홀로 살아가는 고통스러움에 신세 타령이라도 할 텐데, 이 젊은이는 조금도 그런 빛을 보이지 않고 밭 한 뙈기 없는 가난 속에서도 앞 못 보는 어머니에 대한 효심은 하늘이 감동할 만큼 지극하였습니다.

 산에서 나무를 해다 팔아서 양식을 마련해 오고 물가에 나가 고기를 낚아 어머니께 따뜻한 진지를 지어 올리는 것이 젊은이에게는 하루도 거를 수 없는 일과요, 낙이었습니다.

 이런 환경 속에서 살아가는 이 선비에게 시집오는 여자

愛 사랑 애
之 갈 지
喜 기쁠 희
忘 잊을 망

는 아무도 없습니다.

"애야, 어떻게 장가라도 들어야 할 텐데……."

앞 못 보는 어머니가 안타까워하면,

"어머니, 별 걱정을 다 하세요. 저는 아무렇지도 않아요. 어머니만 건강하시면 더 바랄 게 없어요."

하고 젊은이는 도리어 어머니를 위로해 드렸습니다.

"에이그, 이 늙은 것이 얼른 죽어야 할 텐데……."

"어머니, 왜 그런 말씀을 하세요? 제가 해 드리는 진지가 입에 맞지 않으신가요?"

"아니다, 아니다. 이 늙은 것이 너를 너무 고생시키는 것 같아서 그러는 거야."

이렇게 주고받는 늙은 어머니와 아들의 대화 속에는 사랑과 효심이 가득 차 있었습니다.

이 젊은 효자의 소문은 나라 임금님의 귀에까지 들어갔습니다.

'호오, 장한 일이로다! 이 서울 근처에 그런 착한 효자가 있다고? 내가 직접 젊은이를 한 번 만나 보도록 하리라.'

하고 임금님은 아무도 눈치채지 못하도록 평민복으로 갈아입고 그 젊은이의 집을 찾아갔습니다.

"이리 오너라."

"밖에 뉘신지요?"

"이 댁 아드님을 좀 만나려고 찾아왔습니다."

"우리 아들이 이 눈먼 어미 저녁 반찬 한다고 냇물에 고기를 낚으러 갔지 뭡니까? 어디서 오셨는지 여기 섬돌에라도 좀 걸터앉으시지요."

"아닙니다. 강가로 나가 보겠습니다."

임금님은 젊은이가 고기를 낚고 있는 강으로 발길을 옮겼습니다. 해 저문 강가에서 젊은이는 혼자 낚시를 드리우고 고기가 낚이기를 애타게 기다리고 있었습니다.

"젊은이! 고기가 많이 낚이시오?"

"웬걸요. 오늘은 영 고기가 낚이지 않습니다. 하온데 손님은 뉘신지요?"

"지나는 길손인데 나도 고기 낚기를 좋아해서 구경 좀 하려구요. 그런데 젊은이는 이렇게 해가 저물었는데 무슨 낚시를……."

"예, 어머님께서 워낙 물고기를 좋아하시기에 한 마리 구워 드리려고요."

"호오, 그 참 효자로구먼."

"부끄럽습니다. 아들 노릇도 제대로 못하는걸요."

이렇게 이야기를 주고받는 사이 겨우 잉어 한 마리가 낚였습니다. 젊은이는 바삐 낚시를 걷어 가지고 집으로 향했습니다.

"어머니께서 몹시 기다리실 것 같아서 먼저 가겠습니다."

"여보시오, 젊은이! 날도 어둡고 하니 젊은이 집에서 하룻밤 신세를 질 수 없겠소?"

"글쎄, 주무시는 건 어렵지 않지만 워낙 누추한 곳이라서 손님을 모시기엔 부끄럽습니다."
"원 별 소릴. 가난한 살림이 무슨 죄가 되겠소."
임금님은 나그네 행세를 하며 젊은이를 따라갔습니다.
젊은이의 효성은 과연 대궐에서 듣던 소문 그대로였습니다.

 구차한 살림이지만 젊은이는 따뜻한 진짓상을 차려 들고 와서 눈먼 어머니께 밥 한 술 떠 입에 넣어 드리고 구운 고기를 젓가락으로 조심조심 집어 정성스레 입에 넣어 드리는 것이 아닌가!
 행여 작은 가시라도 섞일까 봐 살을 발라 내고, 다시 밥 한 술에 고기 한 점 놓아 어머니께 먹여 드리는 아름다운 정성에 임금님은 눈시

울이 뜨거울 만큼 감동하였습니다.

'아, 천하에 보기 드문 이 효자에게 내가 큰 상을 내리리라.'

임금님은 난생 처음으로 이 가난한 젊은이 집에서 푸성귀 같은 총각 김치에 잡곡밥 한 그릇 대접을 받아도, 여느 정승 집에서 진수 성찬을 대접받은 것보다 갑절 더 맛있고 따뜻한 정을 느꼈습니다. 그리고 젊은이가 여태 장가를 못든 까닭도 짐작했습니다.

"나야 지나가는 나그네요만, 젊은이의 소원이나 물어 봅시다."

"저야 그저 총각 신세나 면하고 앞 못 보는 답답한 저의 어머니 여생을 편안히 모시는 것이 소원이지요. 농사지을 밭이라도 한 뙈기 있으면 양식 걱정을 덜겠습니다."

"그렇겠군. 내 대궐 근처에 사는데, 젊은이의 딱한 사정을 글월로 적어 상감께 한 번 올려 볼까요?

"아아아니 됩니다. 어디 조선 팔도에 가난한 사람이 저 하나뿐인가요? 말씀만 들어도 고맙습니다."

"참으로 착한 젊은이로군."

날이 새자, 임금님은 바쁜 걸음으로 다시 대궐로 돌아왔습니다. 그리고 당장 신하를 불러 간밤에 손수 만나 본 그 효자를 대궐로 데려오라고 분부했습니다.

젊은이는 아무 영문도 모르고 대궐로 불려 들어와 임금님 앞에 엎드렸습니다.

"젊은이는 고개를 들라."

젊은이가 조심스레 고개를 들고 바라보니 대체 이게 어찌 된 일인가? 용상에 앉아 계신 임금님은 바로 어젯밤에 자기 집에서 묵었던 나그네였습니다.

"상감 마마, 죽을 죄를 졌사옵니다."

"죽을 죄라니? 짐이 간밤에 큰 신세를 졌느니라. 너는 우리 나라에 실로 자랑할 만한 효자로구나. 이제 네가 살고 있는 그 마을 뒷산을 너에게 상으로 하사할 것이니 밭을 일구어 열심히 농사를 짓고, 불편하신 노모의 여생을 편안히 모시도록 하라."

이리하여 박씨 젊은이는 마을 뒷산을 효자상으로 받았는데, 그 산에 돌이 많아 '박씨의 돌 많은 고개'란 뜻으로 '박석고개(朴石峴)'란 이름이 붙여졌다고 합니다. 참으로 아름다운 전설의 고개입니다.

行勿慢步 坐勿倚身
행 물 만 보 좌 물 의 신

[걸음은 거만하게 걷지 말고
앉을 때는 몸을 기대지 말라.]

한자의 뜻과 소리

行(갈 행)　慢(게으를 만)　步(걸음 보)　坐(앉을 좌)　倚(의지할 의)　身(몸 신)

보충설명

이 글은 일상 생활 가운데서 우리가 지켜야 할 올바른 몸가짐에 대한 예절을 가르치고 있는 대목이다.

'아무렇게 걸어다니면 어때?' 하고 생각할지 모르지만 몸가짐은 그 사람의 됨됨이를 나타내기도 하므로 주의해야 한다. 걸음걸이는 가슴을 펴고 꼿꼿이 걷되, 거만하게 걸으면 안 된다. 남에게 불쾌감을 주기 때문이다.

앉을 때도 벽이나 나무 기둥 같은 데 몸을 기대지 말고 허리를 편 채 반듯하게 똑바로 앉는 습관을 가져야 한다.

거만한 걸음걸이나 기대 앉는 버릇은 건강에도 좋지 않을 뿐더러 남 보기에도 좋지 않으니 늘 바르게 앉고 서고, 바르게 걷는 습관을 기르도록 노력한다.

勿立門中 勿坐房中
물립문중 물좌방중

[문 가운데 서지 말고
방 한가운데 앉지 말라.]

 **한자의 뜻과 소리**

立(설 립)   門(문 문)   中(가운데 중)   房(방 방)

 **보충설명**

사람들이 드나드는 출입문 한가운데 버티고 서 있으면 어떻게 될까? 이것은 마치 찻길 한가운데에 차가 막아선 것과 같은 이치다. 얼마나 남에게 방해가 되겠는가!

방해만 되는 게 아니다. 드나드는 사람들이 문을 막고 서 있는 사람을 곱게 볼 리가 없다. 지나다니는 사람마다 '버릇 없는 놈'이라고 손가락질을 할 것이다.

또 방 한가운데 떡 버티고 앉아 있는 것도 다른 사람 보기에 몹시 거만하고 당돌하게 느껴질 것이다.

앉고 서는 사소한 행동도 반드시 판단력과 예의가 따른다는 사실을 알아야 한다.

鷄鳴而起 必盥必漱
계명이기 필관필수

[닭이 우는 새벽에 일어나서
반드시 양치질하고 세수하라.]

 한자의 뜻과 소리

鷄(닭 계) 鳴(울 명) 起(일어날 기) 盥(대야 관) 漱(양치질할 수)

 보충설명

일찍 자고 일찍 일어나는 일은 생활의 기본이다.

이 글에서의 가르침도 닭이 우는 이른 새벽에 일어나 양치질하고 세수한 뒤, 몸을 단정히 하고 글을 읽는다든지 눈을 감고 앉아서 생각을 하라는 것이다.

사람은 건강을 위하여 밤에는 자고, 밝은 낮에는 일을 해야 한다. 학생 시절에는 공부가 일이나 마찬가지이다.

그러면 잠은 얼마나 자야 할까? 보통 사람의 수면은 8시간이 적당하다고 한다. 그러니 밤 10시에 잠자리에 들면 다음 날 새벽 6시에 일어나야 한다. 그 8시간을 기준으로 1시간쯤 더 자고 덜 잘 수 있다.

言語必愼 居處必恭
언어필신 거처필공

[언제나 말을 삼가고
거처는 반드시 공손히 하라.]

 **한자의 뜻과 소리**

言(말씀 **언**)　語(말씀 **어**)　愼(삼갈 **신**)　居(있을 **거**)　處(살 **처**)　恭(공손할 **공**)

 **보충설명**

이 글에서는 말에 대한 예의와 사는 집에 대한 예의를 나타내고 있다.

《태평어람》이란 책의 〈인사편〉에서는 '병은 입을 좇아 들어오고, 화는 입을 좇아 나온다.' 는 말이 있다. 사람이 평소 입으로 내뱉는 말이 얼마나 무서운가를 알아야 한다.

속담에도 말조심을 나타내는 말이 얼마나 많은가?

· 발 없는 말이 천 리 간다.

· 낮말은 새가 듣고 밤말은 쥐가 듣는다.

· 말 한 마디로 천 냥 빚을 갚는다.

편안히 잠자고 생활하는 내 집, 내 방은 언제나 깨끗이 정리 정돈하고, 웃어른을 공경하듯이 대하여야 한다.

始習文字 字劃楷正
시습문자 자획해정

[처음 문자를 익히기 시작할 때는
자획을 바르고 똑똑하게 하라.]

 **한자의 뜻과 소리**

始(처음 시) 習(익힐 습) 文(글월 문) 字(글자 자) 劃(그을 획)
楷(나무 이름 해, 해서 해) 正(바를 정)

 보충설명

무엇이든 처음이 가장 중요하다.

'천 리 길도 한 걸음부터' 란 말이 있듯이 글자를 처음 익힌다는 것은 사람이 한평생 살아가는 데 가장 중요한 지식의 출발이라고 할 수 있다. 그러므로 글자를 익혀 쓸 때 한 획 한 획 필순에 따라 바르고 정확하게 쓰는 버릇을 익혀야 한다.

글씨를 한 자 한 자 바르고 깨끗이 쓰는 사람은 생각과 행동도 바르고 분명하다는 것을 짐작할 수 있다.

父母之年 不可不知
부 모 지 연 불 가 부 지

[부모님의 나이는
알지 않을 수 없다.]

 **한자의 뜻과 소리**

年(해 **년**)　不(아닐 **불**)　可(옳을 **가**)　知(알 **지**)

 **보충설명**

나의 가족 중에 나와 가장 가까운 사람, 가장 중요한 사람은 부모님이다. 부모님이 나의 모든 것을 알고 있듯이, 나도 아버지 어머니에 대한 일은 소상히 알고 있어야 한다.

부모님의 연세(나이)나 생일은 물론, 좋아하는 음식, 취미, 성격, 건강 상태 등 모든 것을 잘 알고 있어야 한다.

부모님은 내 곁에 영원히 계시지 않는다. 내가 커 가는 대신 부모님은 상대적으로 늙어가는 것이다.

飮食雖惡 與之必食
음식수악 여지필식

[비록 음식이 거칠더라도
주시면 반드시 먹어야 한다.]

한자의 뜻과 소리

飮(마실 **음**) 食(밥 **식**) 雖(비록 **수**) 惡(나쁠 **악**) 與(줄 **여**) 必(반드시 **필**)

보충설명

　우리가 먹는 음식은 그 종류가 수백 가지다. 그런데 어머니가 만들어 주시는 음식이 대체로 가족의 입맛에 맞지만, 어쩌다 입맛에 맞지 않는 음식이 있을 수 있다.
　하지만 그 음식에 대하여 타박을 하면 안 된다. 음식을 만든 사람의 마음을 헤아려야 한다. 특히 여러 사람이 함께 식사할 때는 식사 예절을 잘 지켜야 한다. 서로 즐거운 분위기를 만들면서 음식을 맛있게 먹는 태도가 중요하다.
　예로부터 음식을 맛있게 먹는 사람이 복을 받는다고 했다.

衣服雖惡 與之必着
의복수악 여지필착

[비록 의복이 나쁘더라도
주시거든 반드시 입어야 한다.]

 **한자의 뜻과 소리**

服(옷 복)   着(붙을 착, 입을 착)

 **보충설명**

사람이 옷을 입고 산다는 것은 참으로 행복한 특권이다. 다른 동물들은 옷을 따로 입을 줄 모른다. 몸을 보호하고 추위를 막기 위해서 몸에 털을 기를 뿐이다.

그런데 사람이 옷을 입는다는 것은 추위를 막고, 몸을 보호하는 외에 또 다른 이유가 있다. 그것은 예절이다. 화려하지 않더라도 남의 앞에 몸의 단정한 모습을 보이기 위함이다.

그러므로 옷은 검소해야 하며 깨끗하고 단정하게 입도록 노력해야 한다. 부모님이 주신 옷은 더욱 고맙게 생각하며 입어야 한다.

아버지 부

어머니 모

엎드릴 와

명령 명

父母臥命 俯首聽之
부 모 와 명 부 수 청 지

[부모님이 누워서 명하시면
머리를 숙이고 들어야 한다.]

 **한자의 뜻과 소리**

臥(엎드릴 와)　命(목숨 명, 명령 명)　俯(구부릴 부)　首(머리 수)
聽(들을 청)

 보충설명

　부모의 은혜는 하늘보다 높고 땅보다 두텁다고 말한다. 또 부모의 명령은 하늘의 명과 같다고 한다.
　그러므로 부모님이 누워서 명하더라도 아들 딸은 고개를 숙이고 공손히 그 말씀을 받아들여야 한다.
　아버지 어머니의 말씀이 젊은이나 어린이 생각에 맞지 않는다 하더라도 정면에서 "아버지 말은 틀렸어요!" 하고 반박해서는 안 된다. 끝까지 공손히 들은 후에 (꼭 그 자리가 아니더라도) "아버지, 제 생각을 말씀드리고 싶어요." 하고 허락을 받은 후에 의견을 말씀드리는 게 부모님을 대하는 예의이다.

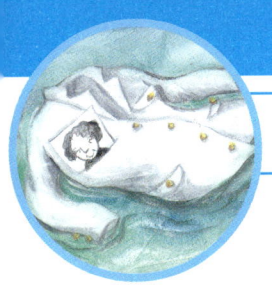

사병과 어머니의 사진

'태양이 있는 곳은 언제나 따뜻하고, 어머니가 있는 곳에서 자식들은 늘 행복하다.'

이 말은 러시아의 격언입니다. 이만큼 어머니의 존재는 모든 사람에게 위대한 것이지요.

제2차 세계 대전 때 미국이 필리핀을 점령하려는 작전이 한창 진행되고 있을 때였습니다. 미국 군함들이 마닐라 앞바다에서 시가지를 향하여 함포 사격을 가하고 있는 중이었습니다.

그런데 갑자기 사병 한 사람이 군함에서 바닷물로 뛰어들려고 하는 것이었습니다.

"로버트, 어쩌려고 그래? 물러서! 위험해!"

직속 상관이 권총을 뽑아 들고 소리쳤습니다. 전시에는 상관 명령에 따르지 않을 때는 즉결 처분할 수도 있었지요. 그러나 그 사병은 상관의 말을 듣지 않고 그대로 깊은 바다로 뛰어들고 말았습니다.

사병은 어깨에 걸치고 있던 군복 저고리를 물에 떨어뜨렸기 때문에 그것을 건지러 뛰어들었던 것입니다.

府 구부릴 부
府
首 머리 수
首
聽 들을 청
聽
之 갈 지
之

"저런 머저리 같은 녀석! 저 옷 하나 때문에 바다에 뛰어들다니……."

로버트가 옷을 건져 들고 허우적거리자 군함에서 긴 밧줄을 던져 겨우 끌어올렸습니다. 사병은 마치 물에 빠진 생쥐 같았습니다.

그러나 이 일은 그냥 넘어갈 수 없었습니다. 곧 군법 회의에 회부되고 말았지요.

"자네는 왜 상관의 명령에 복종하지 않고 바닷물에 뛰어들었나?"

법무관이 로버트에게 물었습니다.

그러자 그는 대답 대신 바닷물에서 건져 올린 군복 저고리의 호주머니에서 낡고 젖은 사진 한 장을 꺼내어 법무관 앞에 내밀었습니다. 그것은 어머니의 사진이었습니다.

심문하던 법무관은 물론, 지켜보던 여러 군인의 가슴이 감동으로 뭉클해졌습니다.

"장하다, 로버트 일병! 어머니 사진 한 장을 찾으려고 목숨을 걸고 바닷물에 뛰어들다니."

마침내 법무관은 이 사병의 죄를 용서해 주었습니다.

愛親敬兄 良知良能
애 친 경 형 양 지 양 능

[어버이를 사랑하고 형을 공경함은
좋은 앎이요, 훌륭한 능력이다.]

 **한자의 뜻과 소리**

愛(사랑 **애**)   敬(공경할 **경**)   兄(형 **형**)   良(좋을 **량**)   知(알 **지**)   能(능할 **능**)

 **보충설명**

　어버이를 사랑하고 형을 공경하는 일은 매우 훌륭한 삶의 태도이며 능력이라 할 수 있다. 이 말은 곧 웃어른을 공경하라는 뜻이다.
　'형제는 팔 다리와 같고 처자(아내)는 의복과 같다.' 는 말이 있다.
　옷은 해어지면 다시 구할 수 있지만, 신체의 일부인 팔 다리가 떨어지면 다시 붙일 수 없는 노릇이다.
　이 글에서는 혈육의 소중함을 강조하고 있다.
　부모 형제와는 항상 공경하며 우애롭게 지내야 한다.

寢則連衾 食則同案
침 즉 연 금 식 즉 동 안

[잠자리에는 이불을 나란히 하고
음식은 같은 상에서 함께 하라.]

 **한자의 뜻과 소리**

寢(잠잘 침) 則(곧 즉) 連(잇닿을 련) 衾(이불 금) 食(밥 식) 同(한가지 동)
案(책상 안)

 보충설명

요즘 우리 사회에서는 '우리'라는 말과 그 의미가 자꾸 멀어져 가고 있다.
'우리 집', '우리 아기', '우리 아버지' 이런 말이 사라지고 있어 안타깝다.
옛날에는 한 집에 보통 3형제, 5남매, 7남매 등 형제 자매들이 많았다. 그래서 아이들이 둥그런 밥상에 둘러앉아 아버지 어머니를 중심으로 즐겁게 식사하고 형제와 자매들이 한 방에서 잠자고 공부하며 놀았다.
그렇기 때문에 모두가 '우리'였다. '나' 혼자가 아니고 '나를 비롯한 여럿'이란 뜻이다. 그 여러 형제들이 잠자리에서 이불을 함께 덮고 나란히 누워 자고, 음식도 한 상에서 함께 먹었다. 이것이 바로 따뜻하고 정겨운 가족의 모습인 것이다.

口 勿 雜 談 手 勿 雜 戲
구 물 잡 담 수 물 잡 희

[입으로는 잡담을 하지 말고
손으로는 장난을 하지 말라.]

 **한자의 뜻과 소리**

口(입 구)   雜(섞일 잡)   談(말씀 담)   手(손 수)   戲(희롱할 희)

 **보충설명**

 '잡담'이란 쓸데없는 말을 일컫는다. 곡식이나 물건을 쏟으면 다시 주워 담을 수 있다. 그러나 말은 한 번 입 밖으로 뱉으면 다시 주워 담을 수 없다.
 얼굴에 눈, 귀, 코(구멍)는 두 개씩인데 입은 하나밖에 없다. 보고, 듣고, 냄새 맡는 것은 많을수록 좋지만, 말은 조금하라는 뜻으로 입이 하나라고 한다.
 친한 사이라도 말은 함부로 하지 않는 게 좋다.
 또 손장난도 잡담과 비슷한 경우이다. 손으로 글씨를 쓰고 그림을 그리고 악기를 연주하고 식사를 한다. 이런 것은 꼭 필요한 손놀림이다. 그러나 손으로 도박을 하거나 물건을 훔치거나 남을 때리는 짓은 나쁜 손놀림이다.
 그러므로 입과 손은 좋은 일에 사용하도록 노력해야 한다.

借人典籍 勿毀必完
차 인 전 적 물 훼 필 완

[남의 책을 빌렸거든
훼손하지 말고 본 후에 꼭 돌려 주라.]

 ### 한자의 뜻과 소리

借(빌려올 차) 人(사람 인) 典(법 전) 籍(서적 적) 毀(헐 훼) 完(완전할 완)

 ### 보충설명

이 글의 뜻은 '남의 책을 빌렸거든 깨끗이 보고 나중에 반드시 책 주인에게 돌려 주어야 한다.'는 말이다.

남의 책을 빌려다 자기 책인 양 책장을 접거나 줄을 치거나 혹은 찢거나 해서는 안 된다.

어찌 책뿐인가! 남의 물건은 아무리 하찮은 것이라도 소중히 여기고, 빌려 썼으면 꼭 돌려 주는 것이 예의이다. 친구의 책을 빌려 읽고 돌려 주지 않는 것은 돈을 빌려 쓰고 갚지 않는 것과 비슷한 행위라고 할 수 있다.

어렸을 때부터 남의 물건을 귀하고 소중하게 여기는 버릇을 길러야 하겠다.

兄無衣服 弟必獻之
형 무 의 복 제 필 헌 지

[형에게 의복이 없으면
동생은 반드시 나누어 드려야 한다.]

 **한자의 뜻과 소리**

兄(형 **형**)　無(없을 **무**)　服(옷 **복**)　弟(아우 **제**)　獻(바칠 **헌**)　之(갈 **지**, 어조사 **지**)

 **보충설명**

　형제간에는 서로 도우며 살아가야 한다는 뜻을 강조하고 있다.
　우리 나라의 옛이야기 중에서 〈흥부와 놀부〉는 형제간의 우애에 대한 교훈을 주는 재미있는 이야기다.
　형제간에는 정신적·물질적으로 서로 돕고 살아가는 것이 아름다운 삶이다. 그런데 우리 주위에 보면 형제 남매 간에 재산 문제로 싸우고 서로 원수처럼 지내는 경우가 종종 있다. 그런 사람들은 아무리 재산을 많이 가지고 있어도 결코 행복하지 않을 것이다.

弟無飮食 兄必與之
제 무 음 식 형 필 여 지

[동생이 먹을 것이 없으면
형은 마땅히 나누어 주어야 한다.]

 **한자의 뜻과 소리**

弟(아우 제) 飮(마실 음) 與(줄 여)

 보충설명

'아우가 먹을 것이 없으면 형은 마땅히 주어야 한다.'
앞에서 '형에게 의복이 없으면 동생은 반드시 드려야 한다.' 는 말과 어울리는 말이다.
형제가 살아가면서 어려울 때, 이해를 따지지 않고 서로 도와 주는 것이 아름다운 삶의 방법이라고 할 수 있다.
형제 자매보다 더 가까운 피붙이가 어디 있겠는가.

兄弟之情 友愛而已
형제지정 우애이이

[형제간의 정은
우애에서 온다.]

 **한자의 뜻과 소리**

情(뜻 **정**) 友(벗 **우**) 愛(사랑 **애**) 而(말 이을 **이**) 已(이미 **이**, 어조사 **이**)

 보충설명

형제간의 우애를 강조하는 글이다.

'정'이란 따뜻하고 아름다운 마음이다. '사랑'이란 아끼는 마음이다. 두 말은 서로 비슷한 뜻을 지니고 있다.

형제는 자주 만나고 소식을 주고받고 서로의 흉과 허물을 덮어 주어야 한다. 옷이나 음식도 서로 나눌 줄 알고, 어려울 때는 서로 도울 줄 알아야 한다.

형제가 우애 좋게 정답게 살아가는 것은 부모님에 대한 가장 큰 효도라고 하겠다.

飮食親前 勿出器聲
음 식 친 전 물 출 기 성

[어버이 앞에서 음식을 먹을 때는
그릇 소리를 내지 말라.]

 **한자의 뜻과 소리**

飮(마실 음) 前(앞 전) 出(날 출) 器(그릇 기) 聲(소리 성)

 **보충설명**

부모님은 물론, 웃어른과 함께 식사를 할 때는 그릇 소리를 내지 말아야 한다. 그릇 소리뿐만 아니라, '후루룩후루룩' 음식 먹는 소리도 내서는 안 된다. 이것이 식사할 때의 기본 예절이다.

여러 사람이 식사하는 식당에 가 보면 참으로 눈살 찌푸려지는 일이 많다.

어린아이들이 손님이 식사하는 주위로 마구 뛰어다니는 경우도 있다. 아이를 데리고 온 부모나 보호자가 주의를 주지 않기 때문이다.

옆자리에 손님이 식사를 하고 있는데 코를 푸는 사람도 있다. 이는 모두 다 식사 예법을 모르는 교양 없는 사람들의 행위이다.

어른 앞에서 음식 먹을 때 조용히 하고, 조심하는 태도를 길러야 하겠다.

勿與人鬪 父母憂之
물여인투 부모우지

[남과 싸우지 말라.
부모가 근심하신다.]

 **한자의 뜻과 소리**

與(줄 여, 더불어 할 여) 鬪(싸움 투) 憂(근심할 우)

 **보충설명**

어느 나라 어느 사회든 불량배들이 있다. 그들은 주먹을 휘두르며 법과 질서를 파괴한다. 이들은 불법으로 이득을 취하는 무리들이다. 그렇기 때문에 불량배는 어디서든 사람 대접을 못 받는다.

친구들 중에 '싸움을 잘 한다'는 사람이 있다면 누구나 그를 좋아하지 않는다. 하물며 싸움꾼의 부모는 얼마나 걱정되고 속상하겠는가?

이 글에서는 싸움을 경계하고 있다. 신체를 단련하여 제 몸을 지키는 것은 바람직하다. 그러나 그 힘은 반드시 정의롭고 이로운 곳에 써야 한다.

우리 속담에 '맞은 사람은 다리를 뻗고 자지만 때린 사람은 다리를 오므리고 잔다.'는 말이 있다.

紙筆硯墨 文房四友
지필연묵 문방사우

[종이와 붓과 벼루와 먹은
글방의 네 벗이다.]

 **한자의 뜻과 소리**

紙(종이 지)　筆(붓 필)　硯(벼루 연)　墨(먹 묵)　文(글월 문)　房(방 방)
友(벗 우)

 **보충설명**

이 글에서 '벗'이란 말이 나온다. 벗이란 '동무'라고도 하고 '친구'라고도 하는 순 우리말이다.

벗이란 맛있는 음식을 잘 사 주고, 돈이나 물건을 잘 빌려 주는 그런 친구를 말하는 것이 아니다. 서로 마음을 털어놓고 정을 나눌 수 있는 친구가 참된 친구이다.

공부에 필요한 종이·붓·벼루·먹, 이 네 가지를 문방사우(文房四友)라고 한다. 이들은 서로 다르지만 한 가지도 없어서는 안 될 소중한 물건들이다. 서로가 깊은 정으로 맺어진 친구처럼, 공부를 하는 데 없어서는 안 될 중요한 네 벗이란 말이다.

사람도 문방사우 같은 관계의 친구를 사귄다면 이보다 더 큰 행복은 없을 것이다.

晝 낮 주
晝
耕 밭갈 경
耕
夜 밤 야
夜
讀 읽을 독
讀

晝耕夜讀 夏禮春詩
주경야독 하례춘시

[낮에는 밭을 갈고 밤에는 글을 읽는다.
여름에는 예(禮)를, 봄에는 시를 배운다.]

 한자의 뜻과 소리

晝(낮 **주**)　耕(밭갈 **경**)　夜(밤 **야**)　讀(읽을 **독**)　夏(여름 **하**)
春(봄 **춘**)　禮(예도 **례**)　詩(시 **시**)

보충설명

옛날에는 학교 다니는 학생만 공부해야 하는 줄 알았다. 고등 학교나 대학을 졸업하고 직장에 취직하면 한평생 맡겨진 일을 하였다.

그러나 시대가 날로 발전하는 오늘날에는 '평생 교육'이 필요해졌다. 한 번 배운 지식으로 몇십 년 쓸 수 없기 때문이다. 그러므로 오늘날에는 직장에 다니면서 대학원 공부도 하고, 학원에 나가 필요한 공부와 기술을 익히는 경우가 많다.

'주경야독'이란 낮에는 밭에 나가 일을 하고 밤에는 글을 읽는다(공부한다)는 뜻이다. 또 계절에 따라 여름에는 '예기' 봄에는 '시전'을 배운다고 했다. 그러니 배우는 데 밤과 낮을 따지지 않고, 봄 여름 같은 계절을 따질 필요가 없다는 뜻이다.

言行相違 辱及于先
언 행 상 위 욕 급 우 선

[말과 행실이 서로 다르면
그 욕이 선열에게 미친다.]

한자의 뜻과 소리

言(말씀 언) 行(행할 행) 相(서로 상) 違(어길 위) 辱(욕되게 할 욕)
及(미칠 급) 于(어조사 우) 先(먼저 선)

보충설명

남의 앞에서 말과 행동을 조심하라는 뜻이 담긴 이야기다.
 '그 아버지에 그 아들' 이란 말이 있다. '부전자전' 이란 한자말도 같은 뜻의 말이다. 아들 딸이 남의 집에 가서 고운 말씨를 쓰고 인사성이 바르면, 그 집 어른들은 그 아들 딸만 칭찬하는 게 아니다. 그의 부모까지 칭찬한다.
 허풍쟁이, 사기꾼, 깡패, 도둑, 이런 사람들은 사회에서 욕을 먹고 손가락질 받는 사람들이다. 그런 사람들의 가족은 어떨까? 남 앞에서 부끄러워 얼굴을 들고 다닐 수 없을 것이다.
 말과 행실이 바르지 않은 사람은 그 가족과 조상까지 욕을 먹이게 된다. 그러니 늘 언제 어디서든 바르고 고운 말을 사용하며, 행실을 바르게 해야 할 것이다.

읽기자료

평민으로 돌아간 대통령

미국의 역대 대통령은 모두가 민주주의를 성실하게 실천하고 이끌어 온 분들입니다. 그 중에서도 트루먼 대통령은 강직하기로 이름난 분이었습니다.

트루먼 대통령이 임기를 끝내고 대통령 자리에서 물러나던 날, 그는 고향인 디펜더스로 돌아가기 전에 앞서 보좌관을 불렀습니다.

"보좌관, 그 동안 내 일을 보좌해 주느라 참으로 수고가 많았네. 이제 나는 고향으로 돌아가야겠어."

트루먼은 이렇게 말하고 백악관에서 정거장까지 걸어가겠다고 하는 것이었습니다.

보좌관은 그만 당황하고 말았습니다.

"각하, 제가 승용차로 모시겠습니다."

"그건 당치 않은 소리요. 공과 사는 분명히 해야지."

트루먼은 끝내 정거장까지 걸어갔습니다. 그러면서 이런 말을 했습니다.

"나는 대통령직에 있는 동안만 백악관에 머물러 있었던 것이오. 내가 대통령이라고 해서 뭔가 뛰어나고 특별한 사람이라고 생각해 본 적이 없소. 내가 미국 국민의 한 사람이라는 것과, 내가 이 곳을 떠

나면 반드시 고향으로 돌아갈 것을 늘 명심하고 있었소."

그를 배웅하며 따라가던 많은 관리들은 마음이 숙연해졌습니다.

"백악관의 모든 것은 미국 국민의 것이며, 다만 내가 잠시 머문 동안만 사용할 수 있는 특권을 부여받은 것뿐이오. 이 특권 가운데는 대통령의 권한도 포함된다오. 나는 이 모든 것을 조심스럽게 사용했으며, 다음 대통령에게 그대로 전해 주려고 애써 왔소."

이 말은 트루먼이 공직자로서 어떤 자세를 지니고 있었는지를 잘 보여 주는 것이지요.

트루먼이 백악관에서 마지막으로 한 일은 빌려 썼던 만년필을 주인에게 돌려 준 것이었다고 합니다. 정말 마지막까지 철저하게 공과 사를 구분한 분이었습니다.

트루먼이 대통령에서 물러나 부인 베스 여사와 함께 홀가분한 마음으로 고향으로 내려갔을 때, 고향 사람들은 예전과 조금도 다르지 않은 그의 모습을 보고 모두들 머리를 숙였습니다.

트루먼 부부가 돌아간 고향의 델라웨러 거리에 있는 낡은 집도 그대로였다고 합니다.

참으로 부러운 이야기가 아닐 수 없습니다. 우리 나라에도 이렇게 국민들로부터 존경받는 참된 공직자가 많았으면 좋겠습니다.

'내가 옛날에 장관을 지낸 사람인데……' 하고 우리 주위에는 자신이 남보다 특별하다는 특권 의식을 갖고 있는 사람들이 많습니다. 참 어리석은 사람이지요.

마음을 수양하는 책 《채근담》에는 이런 글이 있습니다.

'가득한 것에 거하는 사람은 마치 물이 장차 넘치려 하면서 넘치지 않고 있음과 같으니, 다시 한 방울 더하는 경우를 조심해야 한다.'

위급함에 처한 사람은 마치 나무가 장차 꺾이려 하나 아직 꺾이지 않고 있음과 같습니다. 그러니 다시 한번 더 꺾으려는 힘을 가하는 경우를 조심해야 합니다.

사람의 욕심은 한이 없습니다. 항상 조금 적은 것에 만족하면서 살아가는 게 행복을 누리는 지름길이라 하겠습니다.

공부에서 항상 1등을 하는 사람은 그 1등 자리에서 떨어질까 봐 걱정을 하게 됩니다.

《채근담》의 이야기를 잘 새겨 봅시다.

행할 행

行

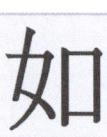
아니 불

不

같을 여

如

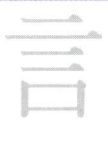
말씀 언

言

行不如言 辱及于身
행 불 여 언 욕 급 우 신

[행실이 말과 같지 않으면
욕이 몸에 미친다.]

 **한자의 뜻과 소리**

行(행할 행) 如(같을 여) 言(말씀 언) 及(미칠 급) 于(어조사 우)

 보충설명

 이 말은 '말과 행동이 같아야 한다' 는 뜻이다.
 아버지 어머니 앞에서 큰 소리로 "앞으로는 음식을 가리지 않고 골고루 먹겠습니다.", "일기를 날마다 열심히 쓰겠습니다." 이런 약속을 해 놓고 처음 며칠은 약속을 지키다가 나중에 흐지부지 넘어가 버리는 경우가 많다.
 약속을 지키지 못할 바엔 처음부터 말을 하지 말아야 한다. 말과 행동이 같지 않으면 거짓말쟁이가 되고 만다.
 남을 속이는 사기꾼들은 행실이 말과 다른 사람들이다. 이런 사람은 가정과 사회에서 신용을 얻지 못하는 불행한 사람이다.

폐하, 죽을 죄를 졌습니다!

어떤 나라에 아주 훌륭한 임금님이 있었습니다. 그 임금님은 언제나 백성들이 잘 살기를 바라는 마음으로 정치를 했습니다.

어느 날, 임금님이 백성들이 사는 모습을 살피려고 대궐 밖으로 나갔습니다. 임금님은 일부러 허름한 군복 차림을 하고 있었습니다. 그러니 아무도 임금님이라는 걸 눈치채지 못했겠지요.

여기저기 기웃거리며 백성들을 살피던 임금님은 배가 고파 식당을 찾아보았습니다. 그 때 저쪽에서 젊은 군인 한 사람이 막 식당으로 들어가는 걸 보고 임금님도 따라 들어갔습니다.

식당 안에는 손님들로 꽉 차 있었는데, 마침 식탁 하나가 비어 군인과 임금님이 마주 앉게 되었습니다.

"실례하겠습니다. 군인 같으시군요."

변장한 임금님이 군인에게 인사를 하였습니다. 그러나 그 군인의 태도는 아주 거만스러웠습니다.

임금님은 호기심이 일어 말을 걸었습니다.

"계급이 꽤 높으신 것 같은데, 중사쯤 되시나요?"

辱 욕 욕
及 미칠 급
于 어조사 우
身 몸 신

"그보다 위!"
"그럼 상사이신가요?"
"그보다 위!"
"아, 소위님!"
"더 위."
"그럼 중위?"
"그 위!"
"아, 대위시군요?"

"어흠!"

군인은 대위였습니다. 대위는 큰 기침을 하며 어깨를 으쓱거렸습니다.

이번엔 군인이 물었습니다.

"자네도 군인인 것 같은데, 하사인가?"

"좀더 위지요."

"그럼 중사? 상사?"

"그 위."

"소위?"

"그 위."

"그럼 중위구먼?"

가소롭다는 듯이 의자에 비스듬히 기대앉았던 군인이 똑바로 앉으며 다시 물었습니다.

"그럼 대위요?"

"그 위."

"아, 장군 각하!"

군인은 얼굴이 새파랗게 질린 채 벌떡 일어섰습니다.

"그보다 위."

"어이쿠! 폐하, 죽을 죄를 지었습니다! 큰 벌을 내려 주옵소서."

군인은 식탁 밑에 꿇어 엎드렸습니다.

出不易方 遊必有方
출불역방 유필유방

[나감에 행방을 바꾸지 말고
놀 때는 반드시 행방을 알려야 한다.]

한자의 뜻과 소리

出(날 **출**)　易(바꿀 **역**)　方(방향 **방**)　遊(놀 **유**)　有(있을 **유**)

보충설명

여러분은 '청개구리의 슬픔'이란 우화를 알고 있을 것이다.

아들 청개구리가 아빠 엄마에게는 "아랫마을에 가서 놀다 올게." 하고는 슬그머니 윗마을로 달아나 버렸다.

산으로 간다고 하고 강으로 가 버리는 아들 청개구리 때문에 아빠 개구리 엄마 개구리는 늘 속상해하지 않았는가.

가는 곳과 옮겨가는 장소를 정확하게 말씀드려야 부모님이나 가족이 걱정을 덜고, 급한 일이 생겼을 때 빨리 연락하게 된다.

이러한 작은 일도 부모님의 마음을 편하게 해 드리는 효도가 되는 것이다.

身體髮膚 受之父母
신 체 발 부 수 지 부 모

[신체와 모발과 살갗은 부모에게서 받은 것이다.]

 **한자의 뜻과 소리**

身(몸 신) 體(몸 체) 髮(터럭 발) 膚(살갗 부) 受(받을 수)

 **보충설명**

아버지 어머니로부터 물려받은 내 몸은 이 세상에서 가장 값지고 귀중한 것이다. 그러므로 내 머리카락 한 올도, 살갗 구석구석도 귀중하지 않은 곳이 없다.

어찌 생각하면 내 한 몸은 내 것이니, 내 마음대로 해도 된다고 여길지 모른다. 그러나 나는 위로는 아버지 어머니와, 옆으로는 형제, 자매, 일가친척 모두와 서로 거미줄처럼 얽혀져 있는 것이다. 이처럼 더불어 살아가기 때문에 내가 어떤 잘못을 저질렀을 때 나 혼자만 욕을 먹는 게 아니다. 나를 낳아 주고 길러 주신 부모와 내 형제, 내 가족 모두에게 욕이 미치게 된다. 그러므로 내 한 몸을 내가 귀중히 여기고 모든 일에 조심하며 살아가야 한다.

不敢毀傷 孝之始也
불 감 훼 상 효 지 시 야

[신체를 감히 헐고 상하게 하지 않는 것이 효도의 시작이다.]

 **한자의 뜻과 소리**

敢(감히 감) 毁(헐 훼) 傷(상처 상) 始(처음 시) 也(어조사 야)

 **참고자료**

이 글은 바로 앞 장과 비슷한 뜻을 지니고 있다.

내 몸을 헛되이 굴려 헐고 상하게 되면 내 자신도 아프고 괴롭지만, 부모님 마음이 얼마나 아프겠는가.

아침에 단정하고 깨끗한 몸차림으로 집을 나갔는데, 밖에서 싸움질을 해서 옷도 찢기고 팔 다리에 피멍이 들고 얼굴이 터져 일그러진 모습으로 돌아오면 부모님 마음이 어떠할까?

이런 모습은 부모에게 큰 불효가 아닐 수 없다. 효도란 내 자신의 올바른 행동과 자세, 정직하고 다정한 말씨에서 비롯되는 것이다.

읽기 자료

어머니를 생각하며

사임당 신씨를 아시나요? 우리는 흔히 신사임당이라고 부른답니다. 이이 율곡 선생님의 어머니로도 잘 알려진 분입니다.

학식이 높고 예술적인 재능이 뛰어났던 사임당은 또한 지극한 효녀이기도 했습니다. 현재 사임당이 쓴 시가 세 편 전해져 내려오고 있는데 그 모두가 부모, 특히 어머니를 그리는 내용입니다.

이제 여러분에게 사임당의 시 한 편을 소개하겠습니다. 구절 구절마다 어머니를 생각하는 마음이 가득한 이 시를 통해 부모님을 사랑하는 마음을 새겨 보기 바랍니다.

어머니를 생각하며

그리운 고향 산은 첩첩이 만봉으로 막히고
가고 싶은 마음은 꿈 속에서 끝없구나.
한송정 정자 가엔 달빛만이 외롭고
경포대 앞에서는 한바탕 바람이 부는데
모래 위에 해오라기 모였다간 흩어지고

孝 효자 효
孝
之 갈 지
之
始 처음 시
始
也 어조사 야
也

바다 멀리 물결 타고 고깃배들 오가누나.
언제 다시 임영 길을 밟아 보고
어머니 슬하에서 비단옷 꿰매리.

 이 시는 사임당이, 그가 나서 자라 온 강릉을 떠나 남편을 따라 한양으로 올라가던 중 경포대에 있는 한송정이라는 정자에 들러 차마 발길을 떼지 못한 채, 어머니가 계신 임영 땅을 바라보며 어머니를 그리는 마음을 읊은 것입니다.
 어머니가 계신 고향의 산이라도 볼 수 있을까 하는 마음에 한송정에 올라 보았으나 수많은 산봉우리만 앞을 가리고 있습니다. 현실에서 고향을 찾을 수 없는 안타까운 마음은 꿈처럼 아련하게 생각으로만 이어져, 고향에 대한 그리움은 끝없이 더해 갑니다.

어머니를 그리며 애타는 마음으로 서 있는 한송정에는 달빛만이 조용하게 비치고 있을 뿐, 그저 쓸쓸하기만 합니다.

 밤이 깊어 사람의 발길이 끊긴 바닷가 모래밭에는 해오라기만 드문드문 모여들었다가 날아가고, 갑자기 불어닥친 바닷바람이 사임당의 마음을 더욱 허전하게 합니다. 그리고 바다 저 멀리에는 일렁이는 파도 위로 고깃배들이 왔다갔다합니다.

 한편, 해오라기도 고깃배들도 제 있을 곳을 찾아 오가는데 나, 즉 사임당은 언제나 어머니가 계신 임영 땅으로 돌아가 어머니와 함께 지낼 수 있을까 하는 안타까움으로 마음이 아픕니다.

 마지막의 '어머니 슬하에서 비단옷 꿰매리'라는 표현이 있지요? 이 시귀에 나오는 '슬하'는 '무릎 아래', 곧 '따뜻한 손길 안'이라는 뜻입니다. 이 구절에는 어머니의 손길 안에서 사랑과 보호를 받으며, 어머니에게 바느질을 배우고 함께 비단옷을 지으며 다정하게 지내고 싶은 사임당의 마음이 애절하게 배어 있습니다.

 요즘은 자동차가 있고 길도 넓어져서 서울에서 강릉을 하루면 왔다 갈 수 있지만, 사임당이 살던 그 당시에는 한양에서 강릉까지는 그지없이 멀기만 한 길이었습니다. 효성이 지극한 사임당인지라, 그처럼 먼길을 어머니를 두고 떠나려니 안타깝고 그리운 마음을 무엇으로도 표현할 수 없었지요.

 시를 통해 보이는 사임당의 어머니에 대한 생각은 참으로 진실하지요? 여러분도 오늘 어머니를 그리는 시 한 편 지어 보지 않겠습니까?

설 립

몸 신

행할 행

길 도

立身行道 揚名後世
입신행도 양명후세

[출세하여 도를 행하면
이름을 후세에 날리게 된다.]

한자의 뜻과 소리

立(설 립) 行(행할 행) 道(길 도) 揚(날릴 양) 名(이름 명)

보충설명

이 글에서 '출세' 란 말이 나온다. 옛글에 '호랑이는 죽어서 가죽을 남기고, 사람은 죽어서 이름을 남긴다.' 고 했다.

사람이 죽어서 이름을 남길 수 있다면 그 사람은 사회나 국가에 자랑스러운 일, 좋은 일을 남겼기 때문이다.

가령 세종대왕, 이순신 장군, 안중근 의사, 사명대사, 소파 방정환, 유관순, 사임당 신씨, 이런 사람들은 죽은 후에도 우리들이 이름을 기억하고 있다. 모두 분야별로 훌륭한 일을 했기 때문이다.

지금 살아 있는 사람 중에도 야구 선수 박찬호, 골프 선수 박세리, 지휘자 정명훈, 이런 사람들은 우리 사회에서 자랑스러운 한국인으로 존경받지 않는가!

싱가포르와 리콴유 총리

"立身行道 揚名後世(입신행도 양명후세)" 이 말은 한 나라의 대통령이나 정치가, 행정가 등 국민을 이끌어 가는 지도자들에게 큰 교훈을 주는 글귀입니다.

학교에서 공부하는 학생들에게 적용한다면, 한 반의 대표자인 반장에게도 해당되는 교훈이 되겠지요.

많은 사람을 어떤 목적이나 목표를 향해 이끌고 가는 지도자는 올바른 마음을 지니고 바른 행동을 하여야 합니다.

동남 아시아에서 가장 살기 좋고 아주 작은 나라인 싱가포르를 아십니까?

싱가포르는 우리 나라 서울보다 약간 넓은 면적에 인구 3백만이 채 안 되는 조그만 도시 국가입니다. 그 싱가포르가 국민 소득 2만3천 달러(1996년 기준)가 넘는 경제 신화를 이룬 비밀의 열쇠는 바로 리콴유(李光耀) 전 총리에게 있다 하겠습니다.

리콴유 총리가 그렇게 오랫동안 권좌에 있었지만 그의 아버지는,

揚 오를 양
名 이름 명
後 뒤 후
世 세상 세

"내 아들이 총리지, 내가 총리는 아니잖소."
하며 조그만 시계점의 점원으로 일하며 지냈다고 합니다. 이 한 가지 사실만 보아도 리 총리가 얼마나 청렴한 지도자였는지 짐작할 수 있지 않을까요?

 싱가포르는 처음부터 잘 사는 나라는 아니었습니다. 1965년 8월 9일 말레이시아로부터 독립했을 당시, 이 나라가 가진 것이라곤 해변과 모래뿐이었습니다. 자원도 없고 지역도 협소한 도시 국가로서, 화상(중국 상인)들의 중개 무역지에 불과했습니다. 그러니 그야말로 아

무런 준비도 갖추지 못한 채 약육강식의 국제 사회 속으로 내동댕이 쳐진 꼴이 되었던 것입니다.

리콴유 총리는 우선 국민이 먹고 살 길을 찾았습니다. 그래서 때마침 해외 공장을 찾고 있던 선진국들의 노동 집약적 산업을 끌어들여 일자리와 경제 발전의 터전을 마련키로 했습니다.

미래를 앞서 내다본 리콴유 총리의 전략은 기가 막히게 들어맞았습니다. 80년대 들어서자 유럽의 자본이 밀려들어오면서 싱가포르는 동남 아시아의 금융 중심지가 되었고, 동시에 수익성이 아주 높은 공장들도 속속 들어서게 되었던 것입니다.

그 밖에도 리콴유 총리는 중국계 76퍼센트, 말레이시아계 15퍼센트, 인도계 7퍼센트 등 여러 민족이 뒤섞여 사는 싱가포르 사회에서 인종간 화합을 위해 철저하게 평등주의와 능력 위주의 정책을 펴서 사회 통합을 이루었습니다.

그 후, 리콴유 총리는 국가의 기반이 잡혔다고 판단하고 1990년 총리직을 고촉통(吳作棟) 부총리에게 물려주고 깨끗이 물러났습니다.

정직·근면·절약으로 본을 보여 준 리콴유 총리와 같은 지도자의 모습이 부럽기만 합니다.

見善從之 知過必改
견선종지 지과필개

[선을 보거든 그것을 따르고
허물을 알거든 반드시 고쳐라.]

 **한자의 뜻과 소리**

見(볼 견) 從(좇을 종) 知(알 지) 過(지날 과) 改(고칠 개)

 **보충설명**

'선을 보거든 그것을 본받고 따르라.' 는 가르침이다. 선(善)이란 착한 마음, 착한 행동을 일컫는다. 그렇다면 구체적으로 선이란 어떤 것일까?
- 남을 속이지 않고 정직하게 행동하는 일
- 나보다 어려운 처지에 있는 사람을 도와 주는 일
- 이웃을 사랑하는 일

이런 것들이다.

또, 내가 나의 허물(단점)을 알면 반드시 고치도록 노력하여야 한다.

사람은 누구나 허물이 있다. 하지만 그 허물을 고쳐 나가는 것이 훌륭한 지혜이고 인격이다.

作事謀始 出言顧行
작 사 모 시 출 언 고 행

[일을 할 때는 처음을 잘 꾀하고
말을 할 때는 행할 것을 돌아보라.]

한자의 뜻과 소리

作(지을 **작**) 事(일 **사**) 謀(꾀할 **모**) 始(처음 **시**) 出(날 **출**)
言(말씀 **언**) 顧(돌아볼 **고**) 行(행할 **행**)

보충설명

'시작이 반' 이란 말이 있다. 무슨 일이든 시작이 매우 중요하다는 뜻이다. 우리 주위에는 일을 시작만 해놓고 남에게 방해가 되게 그대로 내팽개쳐진 채로 있는 흉한 모습들이 많이 있다. 계획을 제대로 세우지 않고 일을 벌였기 때문에 그 지경이 된 것이다.

무슨 일이든 처음 시작하면 끝까지 마쳐야 한다. 그 일은 처음이나 중간이나 마무리가 같아야 한다.

또 말을 할 때는 행할 수 있는가를 생각해야 한다. 행할 수도 없는 일을 말로만 하면 무슨 소용이 있는가.

"여러분! 어려운 사람을 도와 줍시다." 하고 입으로 외치는 사람이 돈이 아까워 불우 이웃 돕기 성금은 한 푼도 안 낸다면 어떻게 될까?

常德固持 然諾重應
상덕고지 연락중응

[항상 덕을 굳건히 지니고
대답은 신중하게 응하라.]

 **한자의 뜻과 소리**

常(항상 상) 德(덕 덕) 固(굳을 고) 持(가질 지) 然(그러할 연)
諾(대답할 락) 重(무거울 중) 應(응할 응)

 보충설명

덕(德)이란 무엇인가? 겉으로 보이지 않지만 마음이나 정신 속에 깊숙이 묻혀 있는 좋은 힘을 말한다. 그 덕은 본인에게 이로움과 즐거움을 주면서, 그 사람이 상대하는 다른 사람에게도 기쁨을 준다.

'덕이 있는 사람', '덕을 쌓는 사람'이란 남에게 행동으로 도움을 주거나 남에게 말로 기쁨을 주는 사람, 겸손하고 너그러운 사람을 가리킨다.

그러므로 우리는 덕을 쌓는 사람이 되도록 노력해야 한다.

飮食愼節 言爲恭順
음 식 신 절 언 위 공 순

[음식은 삼가 절제하고
말은 항상 공손하게 하라.]

 **한자의 뜻과 소리**

飮(마실 음) 愼(삼갈 신) 節(예절, 절개 절) 言(말씀 언) 恭(공손할 공)

 **보충설명**

음식을 절제하라는 것은, 맛있는 음식을 먹지 말고 먹기 싫은 음식을 먹으라는 뜻이 아니다. 음식을 검소하게, 그리고 알맞게 먹으라는 뜻이다.

옛날에는 가난하게 살았기 때문에 기름지고 영양가가 높은 쇠고기, 돼지고기, 닭고기, 오리고기 따위 육식을 많이 하지 못했다. 그 대신 산나물, 버섯, 채소, 잡곡 등 검소한 음식을 많이 먹었다.

요즘은 음식을 절제하지 않고 너무 기름진 것을 많이 먹는 편이다. 그래서 몸도 비만해지고 병도 잦다고 한다. 그러므로 음식을 절제하는 습관을 익혀야 한다. 이것은 곧 건강한 육체, 건전한 정신을 기르는 방법이 된다.

말 역시 마찬가지다. 쓸데없이 헤픈 말보다 때와 장소에 알맞은 말을 골라 남의 눈에 거슬리지 않게 공손히 말하는 습관을 익히도록 한다.

起 일어날 기
起
居 있을 거
居
坐 앉을 좌
坐
立 설 립
立

起居坐立 行動擧止
기 거 좌 립 행 동 거 지

[일어서고 앉으며, 앉아 있고 서 있는 것이
다름아닌 행동거지이다.]

 **한자의 뜻과 소리**

起(일어날 기) 居(있을 거) 坐(앉을 좌) 立(설 립) 行(행할 행)
動(움직일 동) 擧(들 거) 止(거동 지)

 보충설명

사람이 앉고, 서고, 눕고, 걸어다니고 하는 모든 움직임을 '행동거지(行動擧止)'라고 한다. 그 행동거지에는 예의범절도 포함된다.

예의범절이라고 해서 특별히 어려울 것이 없다. 남의 눈에 거슬리지 않게 행동거지를 하면 그것이 곧 예의범절(예절)인 것이다.

이를 바꾸어 말하면, 남의 마음을 기쁘게 해 주는 예의범절이 곧 올바른 행동거지라 하겠다.

일상 생활에서 나의 행동거지는 언제나 예절이 함께 하고 있음을 잊지 말아야 한다.

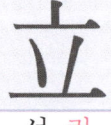

읽기자료

좋은 화제로 재미있는 이야기를

가족이 한 자리에 모인다든지 친구끼리 모이면 이야기꽃을 피우게 됩니다.

서로의 마음을 털어놓고 이야기를 나누는 것처럼 즐거운 일은 없습니다. 이렇게 만나서 주고받는 이야기가 밝고 아름다운 건설적인 것, 남의 좋은 점을 들추어 찬양하거나 불행한 일에 동정 협조하는 것은 바람직합니다.

하지만 공연히 모여서 남의 험담이나 하고 옳지 못한 일을 모의한다든지, 남이 잘 되는 것을 배 아파하는 이야기는 하지 않도록 해야 합니다.

특히 다음과 같은 화제는 상대방을 불쾌하게 만드는 일이므로 주의하도록 합니다.

· 처음 만난 사람에게 특기부터 묻는 일
· 결혼 여부, 나이 등을 묻는 일
· 상대방의 용모나 체격에 관한 이야기
· 필요하지도 않은 출신 학교나 학력을 묻는 일
· 자기 가족을 자랑하는 일
· 상대를 비꼬는 듯한 이야기
· 지나치게 말을 하지 않거나 말을 혼자 너무 많이 하

行 갈 행
行
動 움직일 동
動
擧 들 거
擧
止 거동 지
止

는 일
　・개인의 비밀이나 약점을 잘 아는 체하는 일
　・거짓말이나 과장된 말을 하는 일

 한편, 남의 말을 귀담아 듣는 태도도 이야기를 주고받을 때의 중요한 예절이 됩니다.
 상대방이 이야기할 때는 다음과 같이 해야 합니다.
　・이야기하는 사람을 바라본다.
　・듣는 일과 관계없는 일은 하지 않는다.
　・이야기 내용에서 수긍되는 부분이나 의문나는 부분은 몸짓, 표정 등으로 나타낸다.
　・남의 이야기 도중에 자리를 뜨지 않는다.
　・이야기 중에 귀중한 내용은 간단히 메모해 둔다.

《사소절(士小節)》이란 책의 〈선비의 예절〉편에서는 언어에 대하여 다음과 같이 이야기하고 있습니다. 이 가운데 몇 가지만 추려서 소개하겠습니다.
 1) 언어는 소곤거려도 안 되고 지껄여도 안 된다. 또 산만하게 해도 안 되고 뚝뚝 끊어지게 해도 안 된다. 뿐만 아니라, 힘없이 해도 안 되고 성급하게 해도 안 된다.
 2) 기쁠 때는 말이 아첨하는 투가 되게 마련이요, 화를 낼 때는 말이

과격하게 되기 마련이다.

3) 거처하는 집이 이웃에 바짝 붙어 있거나 한길가에 있으면 웃음소리나 성내는 소리를 크게 해서는 안 된다. 이웃 사람이 듣거나 길 가는 사람이 들음으로써 비방하는 소리가 있게 될까 염려되기 때문이다.

4) 말이 많으면 위엄과 정성을 덜며 또한 기운을 해치고 일마저 그르친다.

5) 좋은 말도 자주 하면 듣는 사람이 오히려 싫어하는데, 하물며 나쁜 말을 할 수 있으랴.

6) 무릇 언어에 있어서는 장황하게 서론을 늘어놓기를 마치 문장에서의 서두를 나열하듯 해서 듣는 사람으로 하여금 싫증을 느끼게 하지 말라. 언어란 요점이 있고 간명해야 가치가 있는 것이다.

7) 속된 말이 한 번 입에서 나오면 선비의 품위가 즉시 떨어진다.

8) 한 가지 일이 뜻처럼 되지 않는다 해서 성을 왈칵 내어 나는 죽어야 한다느니, 저 사람을 죽여야 한다느니, 이 놈의 천지 무너져야 한다느니 하는 따위의 막말을 해서는 아니된다.

9) 경박스런 말이 입에서 튀어나오려 하거든 빨리 가슴을 짓눌러서 입 밖으로 튀어나오지 못하게 하라. 남에게서 모욕을 받고 피해가 따르게 될 터이니 어찌 두렵지 않은가.

10) 말끝마다 농담을 하면 마음이 방탕해지고 일마다 실속이 없으며 남들도 따라서 깔본다.

11) 남이 지난 일이나 다 아는 이야기를 할 때는 이미 들은 것이라도 그가 신나게 말하거든 끝까지 자세하게 듣는다. 중간에 가로막고 이러쿵저러쿵하며 "나는 벌써부터 자세히 아는 일인데, 그대는 이제야 들었구려. 거듭 말할 것 없네."라고 말해서는 안 된다.
12) 남이 혹시 망령된 말을 했더라도 만날 때마다 그 말을 꺼내 비웃거나 다른 사람에게 퍼뜨려서는 안 된다.
13) 나의 용모가 잘 생긴 것을 자랑하지도 말고, 남의 용모가 잘 생긴 것을 아첨하여 칭찬하지도 말며, 남의 용모가 못 생긴 것을 헐뜯지도 말라.
14) 남의 과실을 몰래 말하다가 본인이 마침 문에 들어오면 그 부끄러움을 어떻게 하겠는가. 그러므로 군자는 말을 헤프게 아니하고 남을 평하는 일에 반드시 삼가는 것을 중요하게 여기라.

禮義廉恥 是謂四維
예 의 염 치 시 위 사 유

義 옳을 의
廉 청렴할 렴
恥 부끄럼 치
俗 풍속 속

[예(禮)와 의(義)와 염(廉)과 치(恥),
이것을 4가지 덕목이라고 한다.]

 한자의 뜻과 소리

禮(예도 례) 義(옳을 의) 廉(청렴할 렴) 恥(부끄러워할 치)
是(이것 시) 維(바 유)

보충설명

옛날에는 나라를 다스리는 데 기본이 되는 네 가지 덕목이 있었다.
　오늘날의 대통령과 장관, 국회 의원, 그리고 지방의 도지사, 시장 같은 사람들이 알고 지켜야 할 덕목이다.
　그것은 예(예의와 도덕적 행동)와 의(옳고 그름의 판단력)와 염(검소하고 청렴한 생활)과 치(스스로 부끄러워하는 겸손) 등이다. 이 얼마나 중요한 일들인가?
　나라를 이끌어 가는 사람들이 위의 네 가지 덕목을 앞장 서서 실천한다면 국민들이 행복하게 살 수 있을 것이다.

禮俗相交　患難相恤
예 속 상 교　환 난 상 휼

[예의와 풍속으로 서로 사귀고
환난이 닥치면 서로 돕고 위로한다.]

 **한자의 뜻과 소리**

俗(풍속 속)　交(사귈 교)　患(근심 환)　難(어려울 난)　恤(구휼할 휼)

 보충설명

　예의와 아름다운 풍속으로 서로 교제하면 사람들은 누구나 마음이 평안해질 것이다. 뿐만 아니라, 어려운 일이 닥쳤을 때 서로 위로하고 도와 준다면 그 어려움을 금방 이겨 나갈 것이다.
　아름다운 사회를 만들어 가는 좋은 방법을 가르쳐 주고 있다.
　이웃이 살벌해지고 마음이 우울해지는 것은 예절이 사라지고 나쁜 풍속이 번지기 때문이다.

交 사귈 교
患 근심 환
難 어지러울 난
恤 구휼할 휼

읽기자료

친구의 의리

옛날, 어느 곳에 친구를 많이 사귄 젊은이가 있었습니다.

그는 워낙 친구를 좋아하기 때문에 1년 365일 단 하루도 자기 집에 친구를 데려오지 않는 날이 없었습니다. 그러므로 주위 사람들은 그 젊은이를 몹시 부러워하였습니다.

그러나 젊은이의 아버지는 조금도 좋아하지 않고 오히려 아들의 장래를 걱정하였습니다.

하루는 아버지가 아들을 불렀습니다.

"네가 지금까지 수백 명의 친구를 사귀었다고 자랑을 하는데, 그 많은 친구 가운데 네가 어려움을 당했을 때 진정으로 도와 줄 사람이 몇이나 되겠느냐?"

아버지는 이렇게 물어 보았습니다.

"아버지, 한 30명 될 것입니다."

"음, 그것 참 다행이구나. 그럼 어디 한번 시험해 볼까?"

"예, 좋습니다."

젊은이는 자신만만하게 대답하였습니다.

"그럼 어디 네 친구들의 우정을 함께 시험해 보자꾸나."

이렇게 말한 아버지는 집에서 기르는 새끼 돼지 한 마리를 잡아 헌 거적에 둘둘 말았습니다.

"아니, 아버지! 돼지는 어디에 쓰시려고……."

"이것을 사람의 시체처럼 속여 가지고 친구들의 도움을 청하는 것이다. 네 친구 중에 참된 우정을 지닌 벗이 있다면 너의 어려움을 알고 발 벗고 도와 줄 게 아니겠느냐?"

아버지는 이렇게 말하면서 그 잡은 돼지를 아들 등에 짊어지워 앞세웠습니다.

"네가 첫째로 손꼽는 친구 집으로 가자꾸나."

이렇게 하여 아들은 늙은 아버지와 함께 친구의 집을 찾아갔습니다.

"여보게 친구, 내가 장을 보고 오는 길에 산중에서 도둑을 만나 돈을 빼앗길 뻔했는데, 돈을 안 빼앗기려고 싸우다 그만 사람을 죽이고 말았네. 어쩔 수 없이 그 시체를 싸 짊어지고 급한 김에 자네를 찾아왔다네. 며칠 밤만 자네 집에 이 시체를 감추어 주게나. 우리 부자가 합세하여 사람 죽인 걸 세상이 알면 어떻게 되겠나……."

아들이 짐짓 울먹이며 친구에게 애원하였습니다.

"글쎄, 자네 일은 참 딱하게 되었네만……. 오늘 밤이 나의 선친 제사라서 참 곤란하이. 미안하지만 다른 친구 집엘 가 보게나."

첫째 친구는 냉정하게 거절하였습니다.

젊은이는 얼굴이 붉어진 채 두 번째 친구 집을 찾아갔습니다. 사정을 들은 그 친구도 아내가 앓아 누워 있다는 핑계로 거절하는 것이었습니다.

 세 번째 친구도, 네 번째 친구도, 다섯 번째 친구도 하나같이 그럴 듯한 핑계를 대면서 청을 들어 주지 않았습니다. 결국 30명의 아들 친구는 술 친구, 밥 친구, 말 친구, 노름 친구에 불과했던 것입니다.
 말 없이 아들의 뒤를 따라다니던 아버지가 말을 꺼냈습니다.
 "나는 일생에 친구라곤 한 사람밖에 못 사귀었단다. 이런 일을 도와 줄지 모르지만 어디 한 번 가 보자꾸나."
하면서 이번에는 그 잡은 돼지를 아버지가 짊어지고 앞장을 섰습니다. 벌써 불을 끄고 깊은 잠을 청할 시각이었습니다.

이윽고 아버지의 친구 집에 다다랐습니다.

"여보게 친구, 내가 왔네. 자고 있는가?"

"아니, 이게 누구야! 이 밤중에……."

친구의 목소리를 들은 주인은 옷깃을 여밀 새도 없이 달려나와 손을 잡으며 반가워하는 것이 아닌가!

"실은 내가 아들과 함께 장에서 돌아오다……."

거짓으로 꾸며 낸 자초지종의 이야기를 털어놓았습니다.

"아니, 이 사람아! 얼마나 걱정되겠나? 어서 그 시체를 이리 주게. 저 나뭇가리 깊숙이 감춰 두었다가 내일 몰래 치우도록 하세. 자, 방으로 들어가세. 얼마나 시장하겠는가? 곧 저녁상 마련하라고 이를테니……."

아버지의 친구는 거적에 싼 시체를 덜렁 들어다 뒤뜰 나뭇가리 깊숙이 감추는 것이었습니다.

그날 밤, 아버지의 친구 집에서는 짊어지고 간 새끼 돼지를 삶고 술을 받아다 주거니받거니 하며 아름다운 우정의 꽃이 피어났습니다.

이 광경을 지켜본 아들은 감사와 감격의 눈물을 흘렸습니다.

'아, 나는 지금까지 단 한 사람도 참된 친구를 못 사귄 못난이였구나.'

젊은 아들은 깊이 반성하였습니다.

德業相勸 過失相規
덕 업 상 권 과 실 상 규

[덕업은 서로 권하며
과실은 서로 규제하라.]

한자의 뜻과 소리

德(덕 **덕**) 業(일 **업**) 相(서로 **상**) 勸(권할 **권**) 過(허물 **과**)
失(잃을 **실**) 規(법규 **규**)

보충설명

덕이 되는 일을 '덕업'이라고 한다.

예를 들어 농사를 짓는 일, 남을 가르치는 일, 장사하는 일, 연예 활동을 하는 일, 찻길에서 교통 정리를 하는 일, 버스나 전동차를 운전하는 일 등 모두 덕업이라고 할 수 있다. 이처럼 남에게 도움을 주는 일은 서로 권해야 한다.

그러나 실수하는 일, 잘못을 저지르는 일은 서로 나무라고 규제하여 다시는 그런 잘못이 일어나지 않도록 해야 한다.

그렇게 하려면 내 자신도 조심해야 하지만, 나의 잘못이나 실수를 뜯어 말릴 수 있는 참된 친구가 필요하다. 그래서 사람은 서로 견제하고 서로 의지하며 살아가게 된다.

德 덕 **덕**
業 일 **업**
相 서로 **상**

勸 권할 **권**

사장님과 수위 할아버지

어떤 회사에서 수위를 한 사람 뽑게 되었습니다. 그래서 신문과 방송에 널리 광고를 하자, 많은 사람들이 원서를 냈습니다.

그 회사의 인사부장은 수십 명 중에서 특별히 가려 낸 다섯 사람의 원서를 사장님께 올렸습니다.

"사장님, 여기 우선 다섯 명을 추려 보았습니다. 그 사람들의 원서입니다."

"그래요? 어디 좀 봅시다."

사장님은 마침내 다섯 사람의 후보를 한 사람 한 사람 불러 면접을 하였습니다.

사장님은 그 사람들의 행동을 살펴보기 위하여 미리 문 앞에 휴지 조각을 떨어뜨려 놓았습니다.

"첫번째 후보, 들어오세요."

문이 열리자 첫번째 사람이 사장실에 들어섰습니다. 그는 떨어진 휴지를 그냥 밟고 들어와 사장님 앞에 냉큼 앉는 것이었습니다.

사장님은 웃는 얼굴로 물어 보았습니다.

"왜 우리 회사에 들어오려고 하십니까?"

過 허물 과
失 잃을 실
規 법규 규
恭 공손할 공

"다른 회사보다 월급을 많이 준다기에……."
"네, 알았습니다. 나가 보십시오."
사장님은 딱 한 마디밖에 물어 보지 않았습니다.
두 번째 사람을 불러들였습니다.
그는 휴지를 보고 뛰어넘듯 피하여 사장님 앞에 앉았습니다.
"우리 회사에서 일하려는 까닭이 무엇입니까?"
"다른 회사보다 늦게 나와 일찍 퇴근한다기에 지원했습니다."
"예, 잘 알았습니다. 나가 보시지요."
사장님은 이 사람도 한 마디만 물어 보고 내보냈습니다.
세 번째 사람을 또 불렀습니다.
그 사람은 좀 덤벙대는 젊은이인가 봐요. 휴지가 떨어져 있는 것조차 모르고 부리나케 사장님 앞에 다가와 앉았습니다.
"젊은이는 어찌하여 우리 회사를 지원하게 되었나요? 더구나 대단치도 않은 수위 자린데……."
사장님의 질문에 젊은이가 대답했습니다.
"수위로 좀 있으면 다른 자리로 옮겨 준다는 소문을 듣고 왔습니다. 사장님께서 지금까지 그렇게 하셨다면서요?"
"네, 그랬었지요."
사장님은 빙그레 웃으면서 그 젊은이도 내보냈습니다.
'인사부에서 추리고 추렸다는 사람들이 어째서 이렇단 말인가?'
사장님은 혼자 중얼거리며 마음 속으로 걱정을 하였습니다. 그러면서 다음 사람을 들어오라고 했습니다.

　네 번째 사람은 발 밑에 떨어져 있는 휴지를 발로 툭 차 버리는 것이었습니다. 자리에 앉은 젊은이에게 사장님이 말했습니다.

　"젊은이는 보아 하니, 우리 회사 수위 자리와 전혀 어울리지 않겠는데……."

　"물론입니다. 다른 일자리를 구할 때까지만 임시로 있을 작정입니다."

　젊은이의 태도는 당당했습니다.

　"그래야지요. 젊디젊은 사람이……."

　네 사람의 면접을 마친 사장님은 더욱 걱정이 되었습니다. 입에서는 절로 한숨이 새어 나왔습니다.

　'지원자가 수십 명이라도 수위 한 사람 찾을 수 없으니, 어찌하면 좋을꼬?'

　사장님은 크게 낙심하면서 마지막 남은 한 사람을 불러들였습니다.

　문을 조용히 열고 들어오는 사람은 뜻밖에도 머리가 하얗게 센 노인이었습니다. 순간 사장님은 깜짝 놀랐습니다. 아버지뻘도 더 되어 보이는 노인이었으니까요.

　노인은 문 안으로 들어서자, 발 밑에 떨어져 있는 휴지 조각을 얼른 집어 휴지통에 넣었습니다. 그리고는 사장님 앞에 공손히 인사를 했습니다.

　젊은 사장님은 반쯤 일어나 노인에게 의자를 권했습니다.

"여기 앉으십시오. 연세 많으신 어르신이 어떻게 힘든 수위 일을 하실 수 있겠습니까?"
"늙었다곤 하지만 아직 얼마든지 일할 수 있습니다. 사장님께서 허락만 해 주신다면 수위 일을 성실하게 해 나가겠습니다."
"정말 건강이 허락되실는지요?"

"환갑을 지낸 지는 몇 해 되었지만 지금도 아침마다 냉수 마찰을 하고 있습니다."

"그럼, 내일 이력서를 한 통 써 가지고 나오십시오."

"감사합니다, 사장님!"

다섯 번째 면접을 마친 사장님은 그제서야 마음이 흐뭇했습니다.

'그래, 믿음이 가는 분이야. 수위 일을 잘 해 내실 거야.'

다음 날 아침, 회사의 조회 시간이었습니다.

사장님은 새로 온 수위를 직원들에게 소개하였습니다.

"여러분! 우리 회사의 수위직을 맡아 볼 새 직원을 소개합니다. 성함은 장근면 씨."

그러자 젊은 직원들이 여기저기서 수군거렸습니다.

"사장님도 참 이상하셔. 그 숱한 젊은이들을 다 물리치고 저렇게 머리가 허연 늙은이를 수위로 뽑는담?"

"글쎄 말야. 회사가 뭐 양로원인가?"

하지만 장근면 할아버지가 수위로 들어온 날부터 회사는 달라지기 시작했습니다.

직원들은 자신들이 늙었다고 업신여겼던 수위 할아버지가 젊은이보다 더 건강하게 열심히 일하는 모습을 보았습니다. 그리고 수위 할아버지의 겸손하고 예의바른 태도와 생활에 감동을 받고 본을 받게 되었다고 합니다.

貧窮患難 親戚相救
빈 궁 환 란 친 척 상 구

[빈궁(貧窮)이나 환란(患亂)은 친척이 서로 구제한다.]

 **한자의 뜻과 소리**

貧(가난할 빈)　窮(가난할 궁)　患(근심 환)　難(어려울 난)　戚(겨레 척)　救(건질 구)

 **보충설명**

집이 가난하여 살아가기 어렵거나, 사람이 병으로 앓아 눕거나, 물난리, 화재 같은 어려움을 당했을 때 이를 서로 도와 주는 것이 사람의 도리다. 그 중에서도 가장 먼저, 가장 많이 도와야 할 사람은 일가 친척이다.

형이 화재를 당했는데, 동생이 나 몰라라 하고 있으면 어찌 될까? 이웃 사람들이 보고 화재를 당한 형은 안타깝게 여기지만, 그 동생은 못된 놈이라고 흉을 볼 것이다.

어려운 사람을 도와 주는 일을 '적선(積善)'이라고 한다. 착한 일을 탑 쌓듯이 자꾸 쌓아 가면 그 사람은 반드시 복을 받는다.

父義母慈 兄友弟恭
부 의 모 자 형 우 제 공

[아버지는 의롭고 어머니는 자비로우며
형은 우애하고 동생은 공손하다.]

 **한자의 뜻과 소리**

義(옳을 의) 慈(사랑할 자) 友(벗 우) 弟(아우 제) 恭(공손할 공)

 **보충설명**

가정은 작은 사회 생활이다. 사람은 혼자 살 수 없고 다른 사람과 한데 어울려 살아야 한다.

가장 작은 단위의 가정 생활에서는 자기의 위치에서 어떤 모습을 보여야 상대방이 기뻐할까?

첫째, 아버지는 모든 가족에게 의로워야 한다. 둘째, 어머니는 남편이나 아들 딸에게 자애로워야 한다. 셋째, 형제 중 형의 위치에서는 우애로움을 보여야 하고, 마지막으로 동생은 부모님과 형에게 공손해야 한다.

이런 분위기의 가정은 매우 화목하고 평화로울 것이다.

恩 은혜 **은**

別 나눌 **별**

婚 혼인할 **혼**

姻 혼인 **인**

夫婦有恩 男女有別
부 부 유 은 　 남 녀 유 별

[부부는 은혜로움이 있어야 하고
남녀는 분별이 있어야 한다.]

 **한자의 뜻과 소리**

夫(남편 **부**)　婦(아내 **부**)　有(있을 **유**)　恩(은혜 **은**)　男(사내 **남**)
女(계집 **녀**)　別(나눌 **별**)

 보충설명

남편과 아내는 본시 남남이 만나서 사랑을 나누며 살기 때문에 서로 봉사하고 희생하는 마음을 가져야 한다. 그러므로 부부는 서로의 은혜를 잊어서는 안 된다.

남자와 여자는 옷차림, 행동, 역할 등 모든 게 다르다.

우리가 흔히 남녀는 평등하다고 말한다. 이 '평등'은 '유별'과 다르다. 평등은 남녀의 인권, 사회적인 지위를 말하는 것이기 때문에 같아야 한다. 그러나 유별이란 남자 여자가 태어날 때부터 신체 구조가 다르기 때문에 역할도 다른 것이다. 그러므로 남자는 남자답고, 여자는 여자다워야 한다.

婚姻死喪 隣保相助
혼인사상 인보상조

[혼인이나 장사에는
이웃끼리 서로 도와야 한다.]

喪 죽을 상
隣 이웃 린
保 지킬 보
助 도울 조

 **한자의 뜻과 소리**

婚(혼인할 혼)   姻(혼인 인)   死(죽을 사)   喪(죽을 상)
隣(이웃 린(인))   保(지킬 보)   助(도울 조)

 **보충설명**

이 글에서는 살아가는 동안 서로 도와 주고 도움을 받는 '상부상조'를 가르치고 있다. 남녀가 결혼하는 일은 일생에 가장 기쁜 일이다. 또 사람이 죽고 장사지내는 일은 가장 슬픈 일이다.

이런 큰 일을 당했을 때, 이웃끼리 서로 도와 주는 것은 매우 아름다운 풍습이며 전통이다.

내가 살고 있는 주위의 가까운 사람들을 이웃이라고 한다. 이 이웃은 멀리 떨어져 살고 있는 일가 친척보다 낫다고 하겠다. 급한 일을 당했을 때 우선 도움을 청할 수 있는 게 이웃이기 때문이다.

읽기자료

남을 배려하는 마음

우리는 남을 배려할 줄 아는 너그러운 마음씨를 길러야 하겠습니다. 몸이 불편한 친구의 책가방을 들어 주는 마음씨, 버스 안에서 노약자에게 자리를 양보할 줄 아는 마음씨, 언덕길이나 비탈길에서 짐수레를 밀어 주거나 끌어 줄 줄 아는 따뜻한 마음씨가 우리 청소년에게는 필요합니다.

영조, 정조 임금 때 실학자로 유명한 이덕무(李德懋) 선생이 쓴 《사소절(士小節)》이란 책은 우리의 마음가짐과 몸가짐에 대한 행동 규범을 엮어 놓은 책입니다. 그 책의 〈소년 예절〉편에 보면 소년 소녀의 몸가짐을 다음과 같이 가르치고 있습니다.

몇 가지를 추려 소개하겠습니다.

- 소년의 기상은 영리하되 경솔하지 않고, 순박하되 유약하지 않아야 하며, 되바라지게 똑똑해서는 안 되고 다만 묵직하여 장래성이 있어야 한다.
- 소년은 흔히 말을 급하게 하고 걸음을 빠르게 걷는다. 어른은 그것을 보는 대로 금하여 기어이 고치게 하는 것이 옳다.
- 글을 읽을 때는 문 밖에서 비록 퉁소 소리나 북소리가 나더라도 갑자기 일어나 달려가서는 안 된다.
- 소년은 새 것을 좋아하는 성향이 있어 자신을 아름답게 꾸미려고

한다. 이것은 사치 풍조에 빠지기 쉬운 일이니, 부모는 그것을 억제하고 검소한 방법으로 유도하여 그로 하여금 소박한 옷을 입게 해야 한다.

- 헝클어진 머리, 때가 낀 얼굴에 옷과 허리띠를 아무렇게나 몸에 걸치는 아이도 있는데, 이것은 검소한 것이 아니라 누추한 데 가까우니 결코 어진 사람이 될 수 없다. 깨끗이 씻고 옷차림을 단정히 하여 추하지 않게 해야 한다.
- 소년이 의복, 음식, 거처, 또는 심부름 시키는 일 등이 자기 뜻에 맞지 않는다고 멋대로 화를 내고 원망을 한다면 그가 장성하였을 때 흉악하거나 잔혹하게 된다. 그러므로 어릴 때 이런 일들에 대하여 온순한 버릇을 길러야만 군자가 될 수 있을 것이다.
- 소년들은 입이 가볍다. 모름지기 경계하여 신중을 기해야 한다. 이를테면 걸인을 대할 때 '비렁뱅이'라 부르지 말고, 애꾸눈을 대할 때 '외눈박이'라 부르지 말며, 또한 참혹하고 해괴하고 원통한 말을 가벼이 입 밖에 내지 말아야 한다.
- 상중(喪中)에 있을 때 소년들은 사람의 범절을 모르고 뛰놀거나 시를 읊는 일이 있는데, 어른들은 자주 타일러서 그들로 하여금 예절을 벗어나지 못하게 해야 한다.

위와 같은 글의 내용이 현대 사회에 좀 걸맞지 않은 부분도 없지 않으나, 소년 소녀 시절의 모든 행동은 일생을 바르게 살 수 있는 기틀

이 됨을 잊어서는 아니 된다.

 나의 모든 행실은 나 자신을 위하는 동시에 남을 위하는 일이 된다. 즉, 내가 조금 귀찮고 힘들더라도 나의 행동을 바르게 해 나간다면 이는 나를 대하는 많은 사람에게 좋은 인상을 주고 좋은 영향을 준다고 할 수 있다.

在家從父 適人從夫
재 가 종 부 적 인 종 부

[집에 있을 때는 아버지를 따르고
시집을 가서는 남편을 따른다.]

 **한자의 뜻과 소리**

在(있을 **재**) 家(집 **가**) 從(좇을 **종**) 父(아비 **부**) 適(갈 **적**)
夫(지아비, 남편 **부**)

 보충설명

이 글은 여자에 대한 가르침이다.
 한 사람의 여자가 태어나 다 자랄 때까지는 아버지의 사랑과 가르침을 받아야 한다. 성숙하여 결혼을 하면 남편을 지아비로 받들고 살아야 한다. 요즘은 이런 가르침이 꼭 맞지 않을 수도 있다. 그러나 기본 정신은 벗어나지 말아야 한다.
 '남녀 평등'이란 말이 있다. 남자와 여자는 인권이 같아야 한다는 뜻이다. 하지만 한 가정을 대표하는 주인은 있어야 한다. 다시 말하면 가족은 모두 평등하지만, 그 가정의 대표는 필요하다는 뜻이다.
 그러므로 시집가기 전에는 가정을 대표하는 아버지의 뜻을 따르고, 시집 가서는 남편을 따라야 한다.

夫死從子 是謂三從
부 사 종 자 시 위 삼 종

[남편과 사별하면 자식을 따르는 것,
이것을 삼종지도(三從之道)라 한다.]

 **한자의 뜻과 소리**

夫(지아비, 남편 **부**) 死(죽을 **사**) 子(아들 **자**) 是(이것 **시**)
謂(이를 **위**) 三(석 **삼**) 從(좇을 **종**)

 보충설명

삼종지도(三從之道)는 《예기(禮記)》에 나오는 말로써 '여자는 세 가지 좇는 길이 있으니, 어려서는 아버지를 좇고, 시집가서는 남편을 좇고, 남편이 죽고 나면 아들을 좇는다' 는 뜻이다.

이 글은 삼종지도 가운데 세 번째 사항을 언급한 말이다.

읽기자료

헐뜯기 마을 사람들

이 세상 어디쯤에 '헐뜯기 마을'이 있습니다.

어디에 그런 마을이 있냐고요?

그건 굳이 밝힐 필요가 없습니다. 어쩌면 지금 우리가 살고 있는 마을일지도 모르지요.

어쨌든 '헐뜯기 마을' 사람들은 하루라도 남을 헐뜯지 않고는 견딜 수 없답니다.

맹순이가 학교에서 돌아오자, 맹순이 엄마는 맹순이 책가방을 이것 저것 챙기면서 물었습니다.

"맹순아, 오늘 학교에서 무슨 일 없었니?"

"없긴 왜 없어."

"무슨 일이 있었는데?"

"글쎄 있잖아? 우리 반에 배불뚝이 민구, 걔가 전국 웅변 대회에 나가 우수상을 받았어. 그래서 커다란 상장과 누런 트로피를 갖고 와서 자랑하지 뭐야."

"그래서?"

"선생님이 민구를 불러 칭찬을 해 주셨어."

"원 별꼴이야! 다른 아이라면 모르지만 그 정육점집 민구가 무슨 웅변을 한다고…… 정말 웃기네."

"엄마, 우리 반 아이들도 모두 비웃었어. 웅변을 쥐뿔도 못하는 게 나가서 상을 받았다고 흉봤어."

"이 엄마도 웃음이 나온다."

민구가 웅변 대회에 나가 상을 받았다는 소문이 마을에 퍼지자 아이 어른 할 것 없이 비웃고 헐뜯는 게 일이었습니다.

이번에는 다혜 엄마가 텔레비전 방송에 출연하였습니다.

다혜 엄마는 곱게 차려 입고 방송에 출연하여 아나운서와 말을 주고받았습니다.

"반갑습니다. 다혜 어머니는 다혜를 과외 학원에 보내지 않고 집에서 스스로 공부하도록 하신다고요?"

"그렇습니다. 아직 어리긴 하지만 다행히 다혜는 제 할 일을 스스로 잘 하기 때문에 학원에 보내지 않고 있습니다."

"네, 참으로 훌륭한 가정 교육을 하고 계시군요."

방송국에 나와 이야기하는 다혜 엄마를 텔레비전에서 지켜 본 마을 여자들은 모두 배를 앓았습니다. 그리고 헐뜯기 시작했습니다.

"원 세상에……. 저런 것 가지고 방송에까지 나와 떠들고 야단이지?"

"글쎄 말이에요. 요즘 세상에 아이를 학원에 안 보내는 것도 자랑인가?"

이 때, 다혜 얼굴이 텔레비전 화면에 나왔습니다.

다혜는 생글생글 웃으며 아나운서 아저씨가 묻는 말에 또박또박 대답했습니다.
　텔레비전을 보며 앉아 있는 마을 주부들은 모두들 마음 속으로 이렇게 말하고 있었습니다.
　'우리 아이가 방송에 나갔으면 다혜보다 백 배는 잘 하겠다.'
　이 '헐뜯기 마을'에서는 한 달에 한 번씩 반상회를 합니다.
　반상회란 동네 어른들이 매월 한 차례씩 모여서 마을의 발전을 위해 의논도 하고, 또 어려운 일을 당한 집이 있으면 서로 도와 주며 함께 고통을 나누고, 기쁜 일이 있으면 축하도 해 주는 등 여러 가지 좋은 일을 하기 위해 만든 모임입니다.
　그런데 이 마을 반상회는 정반대의 모임이랍니다.
　마을 아낙네들이 남의 흉이나 불평 불만들을 마음 속에 한 보따리씩 가지고 나와 털어놓는 그런 시간이 되었습니다.
　오늘은 반장일을 보고 있는 환수네 집에서 반상회가 열렸습니다.
　"어서 오세요. 모두들 안녕하세요?"
　환수 엄마가 인사를 했습니다. 그러나 그 표정은 여느 때의 얼굴이 아니었습니다.
　환수 엄마는 무언가를 가득 적은 종이를 내놓고 조용히 말했습니다.
　"여러분! 우리 고장이 어쩌다가 '헐뜯기 마을'로 소문이 났는지 모르겠습니다. 참으로 부끄럽기만 합니다. 오늘 저는 우리 마을에서 일어난 좋은 일, 기쁜 일들을 적어 보았습니다. 이야기를 잘 듣고 여러분께서 모두 기쁜 마음으로 축하해 주시기 바랍니다."

반상회에 참석한 엄마들은 모두 귀를 쫑긋 세우고 반장인 환수 엄마를 바라보았습니다.

"지난 3일 우리 마을 '맛나니 정육점' 집 아들 민구가 전국 학생 웅변 대회에 나가 멋진 웅변으로 우수상을 받았다는 소식입니다. 마침 민구 엄마가 저기 오셨네요. 우리 다 함께 큰 박수로 축하해 드립시

다."

그러면서 반장이 손뼉을 치자, 다른 엄마들도 얼떨결에 따라서 손뼉을 치는 것이었습니다.

얼굴이 빨개진 민구 엄마가 슬그머니 일어나,

"이렇게 축하해 주시니 고맙습니다."

하고 인사를 하였습니다.

반장은 또 다른 일을 소개했습니다.

"지난 10일날, 세탁소를 하는 딸막이네 막내딸 효순이는 그 동안 병석에 누운 아버지를 병구완한 이야기를 수기로 써서 〈민주 신문〉에 보냈다고 합니다. 그런데 효순이의 글이 1등으로 뽑혀 교육부 장관상을 받게 되었답니다. 또 부상으로 10만 원 상금도 받는답니다. 얼마나 기쁜 일입니까?"

그러자 엄마들이 와르르르 박수를 쳤습니다.

다혜 엄마가 텔레비전에 출연한 일, 춘봉이네 돼지가 아홉 마리의 새끼를 낳은 일, 소희 아빠가 회사에서 계장으로 승진한 일 등 좋은 일, 기쁜 일이 한 가지씩 소개될 때마다 반상회에 나온 엄마들은 아낌없는 축하의 박수를 보내 주었습니다.

모두 기분이 좋았습니다.

반장인 환수 엄마는 매우 흐뭇한 마음으로 이렇게 말했습니다.

"여러분! 이제 우리는 '헐뜯기 마을'을 '기쁨의 마을'로 고쳐 갑시다. 그러면 우리는 날마다 날마다 웃으며 살아갈 수 있을 거예요. 여러분, 어떻습니까?"

그러자 마을 사람들은 약속이나 한 듯이 소리쳤습니다.

"좋아요!"

말할 것도 없이 이 날의 반상회는 매우 화기애애하게 끝났습니다.

● 참고 ●

옛날에는 여자가 한평생 살아가면서 해서는 안 되는 7가지 칠거지악(七去之惡)이라는 것이 있었습니다. 이러한 조건들은 이혼의 조건이 되었다고 합니다.

참고로 적어 보면 다음과 같습니다.

칠거지악(七去之惡)

1. 불순부모(不純父母) : 시부모를 학대하고, 시부모를 따르지 않는 것
2. 무자거(無子去) : 자식을 낳지 못해 후손을 잇지 못하는 일
3. 음거(淫去) : 음탕하고 부정한 행동을 저지르는 일
4. 유악질거(有惡疾去) : 전염될 수 있는 불치의 병을 앓는 일
5. 투거(妬去) : 첩을 두는 것을 방해한다거나, 남편이 하는 일에 사사건건 간섭 하는 일
6. 다언거(多言去) : 쓸데없는 말을 많이 하는 일
7. 도거(盜去) : 손이 거칠며 도둑질을 하는 일

爲 할 위
子 아들 자
綱 근본 강
君 임금 군

父爲子綱 君爲臣綱
부 위 자 강 군 위 신 강

[아버지는 자식의 본이 되고
임금은 신하의 본이 된다.]

 **한자의 뜻과 소리**

爲(할 위)　綱(근본 강)　君(임금 군)　臣(신하 신)

 **보충설명**

이 글은 삼강오륜(三綱五倫)의 첫째 덕목이다.
　아버지는 자식의 근본이 된다. 그러므로 자식 앞에서 아버지는 가장 존경받는 모습을 보여야 한다.
　임금은 신하들에게 본이 된다. 오늘날의 민주주의 국가에서는 대통령이 나라를 대표한다. 그러므로 대통령은 국민으로부터 존경받는 인물이 되어야 한다.
　이러한 근본, 즉 바탕이 이루어지지 않으면 가정도 국가도 안전하고 평화로울 수 없다.

夫爲婦綱 是謂三綱
부 위 부 강 시 위 삼 강

[남편은 부인의 근본이 되니
이것을 일러 삼강(三綱)이라 한다.]

 **한자의 뜻과 소리**

夫(남편 **부**) 婦(아내 **부**) 綱(근본 **강**) 是(이것 **시**) 謂(이를 **위**)

 **보충설명**

남편은 부인의 근본이 된다는 뜻이다. 즉, 삼강(三綱)이란, 부위자강(父爲子綱), 군위신강(君爲臣綱), 부위부강(夫爲婦綱)을 일컫는다.

옛날 어른들은 아버지, 임금, 남편의 권위와 역할이 얼마나 중요한가를 어렸을 때부터 가르쳐 왔다. 이 글을 얼른 읽었을 때 '왜 모두 남자만 내세웠을까? 여자는 사람 아닌가? 하는 생각을 갖게 될 것이다. 그러나 여기서는 굳이 남자 여자를 따지려는 것이 아니다.

옛날에도 여자가 임금이 된 경우도 있고 집안에 아버지가 안 계시면 어머니가 아버지 역할을 하였다. 그러나 시대가 바뀌어도 위의 세 가지 원리는 바뀌지 않는 삶의 교훈이며 진리이다.

읽기자료

삼강과 오륜

 어린이, 젊은이, 늙은이의 질서는 가정 생활이나 사회 생활이나 어디서든지 절대로 필요한 것입니다.
 나라를 대표하는 국가 원수인 대통령도 부모님과 자기를 가르쳐 준 스승에 대하여는 특별한 예를 표하는 것이 기본 도리입니다.
 유교의 도덕에 있어서 기본이 되는 삼강오륜(三綱五倫)에서 세 가지 기강 즉, 삼강을 말하면 다음과 같습니다.
 첫째, 임금과 신하 사이에 지켜야 할 도리〔군위신강(君爲臣綱)〕
 둘째, 어버이와 자식 사이에 지켜야 할 도리〔부위자강(父爲子綱)〕
 셋째, 남편과 아내 사이에 지켜야 할 도리〔부위부강(夫爲婦綱)〕
 또, 다섯 가지의 인륜 즉 오륜은 다음과 같습니다.
 첫째, 군신 사이의 의리〔군신유의(君臣有義)〕
 둘째, 부자 사이의 친애〔부자유친(父子有親)〕
 셋째, 부부 사이의 유별〔부부유별(夫婦有別)〕
 넷째, 장유 사이의 질서〔장유유서(長幼有序)〕
 다섯째, 붕우 사이의 신의〔붕우유신(朋友有信)〕
 삼강 가운데 자식이 어버이를 극진히 받들어야 하는 도리나, 오륜에서 어린 사람과 어른 사이에는 차례가 따라야 한다는 가르침은 사람

으로서 마땅히 지켜야 할 예절이라고 하겠습니다.

 그러므로 우리는 길거리에서 낯모르는 어른을 만난다 하더라도 함부로 대해서는 안 됩니다. 다소곳이 공손한 태도로 대하는 것이 배운 사람이 가져야 할 올바른 자세이고 예의임을 명심합시다.

父子有親 君臣有義
부자유친 군신유의

[부모와 자식 사이에는 친함이 있어야 하고
임금과 신하 사이에는 의리가 있어야 한다.]

한자의 뜻과 소리

有(있을 유)   親(친할 친)   君(임금 군)   臣(신하 신)   義(옳을 의)

보충설명

　우리 주위를 둘러보면, 부모와 아들 딸이 친하게 오순도순 살아가는 집안은 언제나 웃음꽃이 피고 평화롭다. 엄마 아빠가 아들 딸을 사랑하고, 아들 딸이 엄마 아빠를 존경하며 잘 따르는 가정은 매우 행복하다.
　부부는 살다가 싫으면 헤어진다. 그러나 부모와 자식은 싫다고 헤어질 수 없는 관계이다. 그것은 천륜(天倫), 즉 하늘이 맺어 준 인연이기 때문이다. 그러므로 오륜에서 '부자유친' 의 덕목을 첫번째로 꼽는 것이다.
　나라의 경우에, 대통령은 온 국민이 편안하게 잘 살도록 아끼고 사랑하는 마음으로 정치를 해야 한다. 그러면 국민들은 대통령과 그 밑에서 일하는 장관, 국회의원들을 존경하고 잘 따르게 된다.

夫婦有別 長幼有序
부부유별 장유유서

[남편과 아내 사이에는 분별이 있어야 하고
어른과 어린이 사이에는 차례가 있어야 한다.]

 **한자의 뜻과 소리**

夫(남편 부) 婦(아내 부) 別(나눌 별) 長(길 장) 幼(어릴 유) 序(차례 서)

 **보충설명**

이 글에서는 남편과 아내의 구분과 가정의 질서를 나타내고 있다.

남자와 여자가 다르듯이, 가정에서 남편과 아내 사이에는 분별이 있어야 한다. 남편이 하는 일을 아내가 도와 준다든지, 아내가 하는 집안일을 남편이 돕는 것은 당연하다. 그러나 가정에서 남편과 아내의 본래의 권위와 역할은 엄연히 구분되어 있는 것이다.

뿐만 아니라 가정 생활, 사회 생활 등 사람이 모여 사는 곳에서는 반드시 위아래가 있고 질서가 있어야 한다.

만약 이러한 차례와 질서가 없다면 가정이나 직장이나 사회는 하루도 편하게 살 수 없을 것이요, 서로 믿고 존경하는 마음이 사라질 것이다.

朋友有信 是謂五倫
붕 우 유 신 시 위 오 륜

[벗과 벗 사이에는 신의가 있어야 한다.
이것을 오륜(五倫)이라고 한다.]

朋(벗 붕)   友(벗 우)   有(있을 유)   信(믿을 신)   五(다섯 오)   倫(인륜 륜)

친한 벗끼리는 속마음까지 털어 보일 만큼 비밀이 없다. 그러므로 참된 벗과 벗 사이에는 신의(信義), 즉 믿음이 있어야 한다.

이렇듯 남편과 아내 사이, 부모와 자식 사이, 임금(대통령)과 신하(국민) 사이, 윗사람(어른)과 아랫사람(아이) 사이, 벗과 벗 사이에 지켜야 할 윤리가 오륜이다.

우리 사회가 어지럽고 시끄럽고 무서운 것은 위의 다섯 가지 근본이 되는 윤리를 잘 지키지 않기 때문이라 하겠다.

仁義禮智 人性之綱
인 의 예 지 인 성 지 강

[인(仁), 의(義), 예(禮), 지(智)는
인성의 근본이다.]

 **한자의 뜻과 소리**

仁(어질 인)   義(옳을 의)   禮(예도 례)   智(슬기 지)   性(성품 성)   綱(근본 강)

 **보충설명**

사람이 소, 개, 돼지, 호랑이, 늑대 같은 동물과 다른 점이 무엇인가?
  식사할 때 밥상을 차려 수저로 먹는 것이나, 멋있는 옷을 입고 모자 쓰고 구두 신는 일 등을 들 수도 있겠다. 하지만 그것보다 중요한 것은 인(仁), 의(義), 예(禮), 지(智)를 갖추고 있다는 사실이다.
  사람이기 때문에 착한 행동을 해야 하고, 옳고 그름을 분별할 줄 알아야 한다.
  위의 네가지를 모르면 그 사람은 짐승과 같다고 하겠다.

非禮勿視 非禮勿聽
비례물시 비례물청

[예(禮)가 아니거든 보지 말며
예(禮)가 아니거든 듣지도 말라.]

 한자의 뜻과 소리

非(아닐 **비**) 禮(예도 **례**) 勿(말 **물**) 視(볼 **시**) 聽(들을 **청**)

보충설명

《사자소학》에서는 특별히 사람의 예절과 도덕을 강조하고 있다. 이 글도 바로 그것을 의미한다.

'예가 아니거든 보지 말며, 예가 아니거든 듣지도 말라.'

즉 예절에 벗어난 것은 아무리 볼 만한 것이라도 눈여겨보지 말고, 예의에 어긋나는 말이나 음악 같은 것도 듣지 말라는 뜻이다.

예를 들면, 남들이 상스러운 말을 하며 치고받고 싸우는 광경이나, 사람을 속이며 괴상한 음악을 들려 주고 약이나 물건을 파는 광경 따위는 보지도 말고 듣지도 말라고 이르는 것이다.

非禮勿言 非禮勿動
비 례 물 언 비 례 물 동

[예(禮)가 아니거든 말하지 말고
예(禮)가 아니거든 움직이지 말라.]

한자의 뜻과 소리

非(아닐 비) 禮(예도 례) 勿(말 물) 言(말씀 언) 動(움직일 동)

보충설명

'예가 아니거든 말하지 말고, 예가 아니거든 행동하지 말라.'
바로 앞의 문장과 이어지는 가르침이다. 이 가르침을 한데 모으면 이렇게 된다.
'예의에 어긋나는 일이면 보지도 말고 듣지도 말고 말하지도 말고 행동에 옮기지도 말라.'
얼마나 정확하고 올바른 가르침인가?
모든 사람들이 일상 생활 속에서 이렇게만 한다면 매우 아름답고 평화로운 세상이 될 것이다.

言 말씀 언

動 움직일 동

仁 어질 인

智 슬기 지

읽기자료

언어 예절과 인격

　예절이란 예의범절을 줄여서 일컫는 말인데, 역시 말과 가장 관계가 깊다고 하겠습니다.
　나를 직접 가르쳐 주지 않더라도 학교 선생님은 반드시 '선생님'이라 불러야 합니다. 말도 겸손하게 존댓말을 써야 합니다. 이것이 언어 예절입니다.
　그런데 학교 선생님을 '아저씨', 또는 '여보세요'라고 부른다면 어찌 될까요? 그 선생님 마음이 불쾌할 것은 뻔한 일입니다.
　웃어른과 대화를 나눌 때, 또는 여러 사람 앞에서 말할 때는 자기를 낮추고 상대방을 높이는 것이 예절입니다.
　이를테면 연세 많은 어른이,
　"너의 성이 무엇인고?"
하고 물으면,
　"예, 김가입니다."
　이렇게 자기의 성씨를 낮추어 대답하는 것이 교양 있는 사람의 대답입니다.
　친구의 성과 자기 성을 말할 때도,
　"저 아이 성은 박씨이고 제 성은 김가입니다."

라고 말해야 하는 것입니다.

 누가 아버지 이름을 물었을 때,

"예, 최성수입니다."

이렇게 대답하면 아마,

 '저 녀석은 아주 버릇없는 놈이로군. 제 아비의 이름을 친구 이름 부르듯 하다니……'

하고 흉을 볼 것입니다.

"예, 최 '성' 자 '수' 자입니다."

 혹은 한자를 제대로 알고 있다면,

"높을 '최' 자 성에다 이룰 '성' 자, 물가 '수' 자를 쓰고 계십니다."

 이렇게 대답하면 상대방은 몹시 흐뭇한 마음으로, '똑똑하고 예의 바른 아이로구나.' 하고 마음 속으로 칭찬할 것입니다.

 하지만 말과 함께 뒤따르는 행동도 겸손하고 솔직해야 한다는 것을 잊지 말아야 합니다.

 어른들과의 관계가 아닌 친구 사이에는 말을 함부로 하는 사람이 많습니다.

 말에는 거짓이 없는 진실된 말인 진담과 장난기가 섞인 우스갯말인 농담이 있습니다.

 친구 사이에는 흔히 농담을 많이 합니다. 그러나 장난으로 아무렇게나 뱉은 농담이 친구의 마음에 큰 상처를 줄 수도 있고, 때로는 큰 오해를 불러일으켜 싸움이 되는 경우도 있습니다.

친구끼리 모여 연극 배역을 정하는데 한 친구가 농담삼아서,
"얘, 시라는 예쁘게 생겼으니까 콩쥐하고, 칠순이는 주근깨 많은 깨순이니까 팥쥐나 해라. 딱 어울리겠다!"
이렇게 말한다면 칠순이의 마음이 어떨까요?
누가 칠순이의 입장이 되더라도,
'그래, 너희는 얼마나 잘 났니?'
하고 마음 속으로 친구들을 욕할 것입니다.
만약 그 말을 이렇게 했다면 어떨까요?
"애들아, 이 연극에서는 콩쥐보다 팥쥐 역할이 훨씬 중요하다고 생각해. 팥쥐 역은 잘 웃기는 칠순이가 훌륭하게 해낼 거야. 너희들 생각은 어떠니?"
이 말을 들은 칠순이는 몹시 기분이 좋아서,
"그래, 팥쥐라고? 응, 내가 잘 해 볼게!"
하고 만족한 표정을 지을 것입니다.
우리말에서 '아' 다르고 '어' 다르다는 것의 의미는, 아주 작은 차이의 말이지만 그 느낌이 매우 다르기 때문에 말을 가려 쓰는 것이 중요하다는 뜻입니다. 그래서 언어 예절이 필요하다고 하겠습니다.

孔 성씨 공
孔
孟 성씨 맹
孟
程 단위 정
程
朱 붉을 주
朱

孔孟之道 程朱之學
공맹지도 정주지학

[공자와 맹자의 도학
정자와 주자의 학문]

한자의 뜻과 소리

孔(성씨 **공**) 孟(성씨 **맹**) 道(길 **도**) 程(단위 **정**) 朱(붉을 **주**) 學(배울 **학**)

보충설명

이 글의 뜻은 어린이들에게 조금 어려울지 모른다.
　중국의 유명한 학자, 즉 공자와 맹자의 도학을 익히고, 정자와 주자의 학문을 배우라는 글귀다.
　· 공자(孔子)는 중국 춘추 시대의 노나라 학자이며 중국에서 가장 높이 받드는 성인이다. 공자의 가르침을 적은 《육경(六經)》과 《논어》란 유명한 책이 있다.
　· 맹자(孟子)는 중국 추나라 학자이다. 공자의 유교 사상을 이어받은 사상가이다.
　· 정자(程子)는 중국 북송 때의 유학자이다. 정자는 자연 현상의 질서와 우주의 근본 원리에 대한 연구를 많이 한 학자이다.
　· 주자(朱子)는 중국 송나라 때 학자이다. 그는 학문을 실천하는 데 많은 깨우침을 주고 있다.

色思必溫 貌思必恭
색 사 필 온 모 사 필 공

[얼굴색은 반드시 온순하게 할 것을 생각하고
얼굴 모습은 늘 공손하게 할 것을 생각하라.]

 ### 한자의 뜻과 소리

色(빛 색) 思(생각할 사) 溫(따뜻할 온) 貌(얼굴 모) 恭(공손할 공)

 ### 보충설명

우리의 신체 중에서 남의 앞에 드러내는 부분은 얼굴이다. 그러므로 사람을 구별하는 데 얼굴이 첫째로 손꼽힌다.

이 글에서 사람의 얼굴에 대한 가르침을 주고 있다.

얼굴빛은 늘 남의 앞에서 온순하게 해야 하고, 얼굴의 표정은 남의 앞에 공손하라고 했다.

여러 사람 앞에서 조금 기분 나쁜 소리를 들었다고 해서 금방 얼굴빛이 시뻘개지고, 얼굴 표정이 마치 벌레 씹은 것처럼 일그러지는 경우가 많다.

얼굴은 마음의 거울이라고 한다. 늘 온유하고 밝게, 그러면서 남의 앞에 겸손한 마음을 갖도록 노력해야 한다.

읽기자료

겸손한 태도

 사람이 남에게는 호감을 주고, 존경을 받을 수 있는 방법 중에 첫째는 '겸손(謙遜)'입니다.

 '겸손'이란 남을 높이고 제 몸을 낮추는 태도를 뜻합니다. 이 겸손은 인격, 즉 사람의 됨됨이의 밑바탕을 이룹니다.

 우리 주위에 진실로 겸손한 사람이 얼마나 될까요? 겸손한 사람보다는 오만 불손하고, 손톱만한 자랑거리가 있으면 바윗돌만큼 불려서 말하는 사람들이 얼마나 많은지요.

 겸손한 사람이 많은 곳에는 언제나 평화롭고 웃음이 꽃피고 인정이 샘솟습니다. 반대로 오만 불손한 자들이 들끓는 곳은 무섭고 불안하며 인정도 웃음도 없으며 거짓이 판을 칩니다. 그래서 사회는 어지럽고 거칠 수밖에 없습니다.

 가정도 이웃도 학교도 사회도 겸손한 마음가짐과 겸손한 몸가짐을 가진 사람을 필요로 하는 것은 이와 같은 이유 때문입니다.

 미국의 어떤 큰 재벌 회사에서 신입 사원을 뽑게 되었습니다. 신문과 방송을 통하여 모집 광고를 냈는데, 그 회사에서는 아무런 조건을 달지 않았습니다.

지정된 응시 날에 수천 명이 몰려들어 시험을 치렀습니다. 그들은 나름대로 추천장을 가지고 오는가 하면 높은 학벌과 좋은 경력의 이력서를 내놓았습니다.

그러나 그 회사 경영의 책임자인 사장은 아무 서류도 시험지도 들춰 보지 않고 사장실에서 한 사람씩 면접만 하였습니다.

사장은 응시자들에게 자유롭게 말을 시켜 보고 난 뒤 최종적으로 바른 몸가짐, 겸손한 태도를 가진 몇 사람을 뽑았다고 합니다. 아무리 좋은 대학을 다니고 많은 지식을 가지고 또 친한 친구의 추천서를 가지고 와도 소용없었습니다.

단정한 옷차림을 하고 조용히 문을 여닫으며, 마룻바닥에 떨어진 물건을 공손히 집어서 건네며, 특기나 재주가 있어도 자랑하지 않고 겸손한 태도로 사장 앞에 임하는 젊은이. 이 겸손이야말로 수백 장의 추천서보다 값어치 있는 재산이었습니다.

우리 나라에서도 가정이나 학교, 사회, 직장 어디서든 환영받는 사람은 겸손하고 성실한 사람입니다.

아동문학가 어효선 선생님

1925년 11월 서울에서 태어나 한평생 어린이를 위해 동요·동시·동화를 쓰시다가 2004년 5월에 세상을 떠나신 아동문학가 난정(蘭丁) 어효선(魚孝善) 선생님은 겸손하고 검소하기로 소문난 선비였습니다.

파란 마음 하얀 마음

우리들 마음에 빛이 있다면
여름엔 여름엔 파랄 거예요.
산도 들도 나무도 파란 잎으로
파랗게 파랗게 덮인 속에서
파아란 하늘 보며 자라니까요.

우리들 마음에 빛이 있다면
겨울엔 겨울엔 하얄 거예요
산도 들도 지붕도 하얀 눈으로
하얗게 하얗게 덮인 속에서
깨끗한 마음으로 자라니까요.

이 노래를 비롯하여 〈꽃밭에서〉, 〈과꽃〉, 〈하얀 손수건〉 등 수많은 동요를 지으신 어효선 선생님은 평생 남과 약속을 어겨 본 적이 없고, 남의 앞에 나서지도 않으셨던 참으로 겸손한 어른이셨습니다.

憤
성낼 분
憤

思
생각 사
思

疑
의심할 의
疑

問
물을 문
問

憤思必難 疑思必問
분사필난 의사필문

[분노가 나면 더욱 곤란할 것을 생각하고,
의문이 나면 반드시 질문을 생각하라.]

 한자의 뜻과 소리

憤(성낼 분) 思(생각할 사) 難(어려울 난) 疑(의심할 의)
問(물을 문)

 보충설명

요즘 사람들은 어른이나 어린이나 남 앞에서 화를 잘 낸다. 참을성이 없고 앞뒤 생각을 하지 않고 입에서 나오는 대로 말을 마구한다.
이러한 행동을 경계하기 위한 것이 바로 이 글이다.
살다 보면 몹시 분노가 치밀 때가 있다. 그럴 때는 잠시 마음을 누그러뜨리고 참는 지혜가 필요하다. 그러면 실수를 면할 수 있게 된다.
또, 의문이 생기면 차근차근 질문을 하여 그 의문을 풀어 가는 게 올바른 생활 태도이다.

事思必敬 言思必忠
사 사 필 경 언 사 필 충

[일을 함에는 반드시 공경할 것을 생각하고,
말을 함에는 반드시 충직하게 할 것을 생각하라.]

 **한자의 뜻과 소리**

事(일 사) 敬(공경할 경) 言(말씀 언) 忠(충성 충)

 **보충설명**

일을 할 때와 말을 할 때 어떤 마음가짐과 행동을 해야 할까?
얼른 생각하면 '일할 때는 열심히, 말할 때는 정확히' 이런 답이 떠오를 것이다. 그것도 틀린 답은 아니지만, 여기에서의 올바른 가르침은 다르다. '일을 하기 위해서는 정성을 다하고, 말을 하기 위해서는 진실되게 해야 함을 생각하라.' 고 했다.
이것을 다시 합쳐 보면 일(행동)과 말은 항상 조심하고 진실되게 하라는 뜻이 담겨 있다. 이 두 가지를 늘 조심하면 어디서든지 그 사람은 사랑받고 환영받게 될 것이다. 일을 대충대충 엉터리로 하고, 거짓말을 밥 먹듯이 하는 사람이 되어서는 안 된다.

事 일 사

敬 공경할 경

言 말씀 언

忠 충성 충

읽기자료

국왕의 떳떳한 죽음

 어떤 일을 잘못했을 때 떳떳한 자세로,
"잘못했습니다. 앞으로 조심하겠습니다."
 이렇게 말하는 어린이가 있다면 사람들은 그 어린이에게 찬사를 보낼 것입니다. 그러나 자신의 잘못을 감춘다든지,
"저 아이 때문에 이렇게 되었어요."
하고 남에게 잘못을 떠넘기는 어린이가 있다면, 모두 그 어린이의 떳떳하지 못함을 나무랄 것입니다.

 영국 왕 찰스 1세는 나라를 잘 다스리지 못하여 국민들로부터 원망의 대상이 되었습니다. 그러나 그는 비록 한 나라의 정치에 실패한 왕이었지만 조금도 구차한 행동을 보이지 않았습니다. 그리하여 훗날 많은 사람들로부터 오히려 존경을 받게 되었습니다.
 찰스 1세는 정치를 잘못하여 사형을 당한 불운한 왕이었습니다.
 그가 체포되어 런던 탑에 갇혀 있을 때는 템즈 강이 꽁꽁 얼어붙고 살을 에는 듯한 북해의 찬바람이 몰아치는 겨울이었습니다.
 1월 어느 날, 찰스 1세는 사형을 당하게 되었습니다. 그러나 그는 태연스럽게 옥사장을 불렀습니다.

"폐하, 부르셨습니까?"

"내가 자네에게 마지막 부탁 한 가지만 청하겠네. 털외투 한 벌만 구해 주게나."

"아니, 털외투라니요? 잠시 후면 세상을 떠나실……."

당장 죽을 몸인데 털외투를 구해 달라는 국왕의 말에 옥사장이 고개를 갸웃거리자, 찰스 1세는 이렇게 말했습니다.

"털외투를 구해 달라는 건 오늘 날씨가 몹시 추워서일세."

"폐하, 정말 딱하십니다. 당장 사형을 당하실 텐데, 날씨가 춥고 안 춥고가 무슨 상관입니까?"

옥사장은 찰스 1세가 사형당할 시간이 다가오므로 혹시 정신 이상이라도 일으키지 않았나 생각했습니다.

그러나 찰스 1세는 당당한 얼굴에 미소를 띠며 말했습니다.

"옥사장! 지금은 죄인의 몸이지만 나는 지난날 이 영국을 다스리던 국왕이 아닌가. 내가 잠시 후 추위에 벌벌 떨면서 죽으면, 사람들은 내가 죽음이 두려워 떨었다고 이야기할 것일세. 만약 그렇게 된다면 한 나라 국왕으로서 체면이 어찌 되겠는가? 그러니 내가 떨며 죽지 않도록 털외투를 구해 달라는 것일세."

옥사장은 그제서야 찰스 1세의 말뜻을 알아듣고 털외투를 구해 주었다고 합니다.

마침내 사형은 집행되었고 찰스 1세는 조금도 떨지 않고 태연하게 죽음을 맞이했기 때문에 역사에 떳떳한 사람으로 기록되었습니다.

예로부터 우리 조상들은 떳떳한 명분과 체면을 목숨처럼 귀하게 여겨 왔습니다. 바른 생각과 떳떳한 행동은 우리에게 많은 교훈을 주고 있습니다.

우리 나라 역사에도 위의 경우와 비슷한 이야기는 얼마든지 있습니다. 백제의 마지막 임금 의자왕 때 이야기입니다.

망해 가는 백제 나라를 지키기 위하여 계백 장군은 5천 명의 결사대를 끌고 10만 명의 신라와 당나라 연합군을 맞이하여 싸우게 되었습니다.

이때 계백 장군은 싸움터로 나가기 전에 집에 들렀습니다. 그리고는 식구들에게 조국을 잃고 남의 노예로 비굴하게 살아갈 것인지, 아니면 자신의 칼을 맞고 장군의 가족답게 떳떳이 죽을 것인지를 선택하라고 했습니다.

가족들이 계백 장군의 뜻을 따른 것은 너무도 당연한 일이었습니다.

이렇게 해서 계백 장군은 사랑하는 아내와 자식의 목을 베고 전쟁터로 나아가 최후를 맞이했습니다. 떳떳한 체면과 명분을 목숨과 맞바꾸었다고 할 수 있겠습니다.

足容必重 手容必恭
족 용 필 중 수 용 필 공

[발걸음은 언제나 무겁게 하며,
손놀림은 늘 단정하게 하라.]

 **한자의 뜻과 소리**

足(발 **족**) 容(얼굴 **용**) 必(반드시 **필**) 重(무거울 **중**) 手(손 **수**) 恭(공손할 **공**)

 **보충설명**

우리 몸에서 손과 발이 하는 일은 엄청나다. 그런데 손은 윗몸에 붙어 있어서 모든 일을 도맡아 하다시피하고, 발은 아랫몸 끝에 붙어 있으니까 걸어다니는 일 외에 별로 하는 게 없는 것 같다.

그러나 알고 보면 발은 한평생 우리 몸을 필요한 곳에 옮겨 주는 가장 큰 역할을 맡아 주고 있지 않은가?

여기서 '발걸음은 반드시 무겁게 하라.' 고 하는 것은, 가야 할 곳과 가서는 안 될 곳을 잘 가려서 신중히 하라는 뜻이다. 또, 두 손은 도둑질이나 노름 같은 데 쓰지 말고 좋은 일에 바르게 쓰라는 뜻을 담고 있다.

目容必端 口容必止
목용필단 구용필지

[눈 모양은 단정하게 하고
입 모양은 다물고 있으라.]

 **한자의 뜻과 소리**

目(눈 목) 容(얼굴 용) 端(바를 단) 口(입 구) 止(그칠 지)

 **보충설명**

사람 얼굴에 눈은 둘이고 입은 하나이다. 눈이 둘인 것은 세상을 널리 살펴보고 밝은 데를 보기 위해서다. 그러므로 눈 모양을 단정히 한다는 것은 좋은 것, 바른 것을 보아야 한다는 뜻이 담겨 있다.

입은 먹는 일 외에 말하는 일을 맡고 있다. 알맞게 먹는 것과 꼭 필요한 말을 하는 것이 입의 역할이다.

이 글에서 '입 모양은 다물고 있으라.' 는 말은 쓸데없는 말을 지껄이지 말라는 뜻이다. 그러므로 우리가 살아가는 데 눈은 필요한 곳을 살펴보고, 입은 항상 말을 조심해야 한다.

聲容必靜 氣容必肅
성 용 필 정 기 용 필 숙

[음성은 반드시 고요하게 하며,
기운은 반드시 엄숙하게 하라.]

한자의 뜻과 소리

聲(소리 성) 容(얼굴 용) 靜(고요할 정) 氣(기운 기) 肅(엄숙할 숙)

보충설명

　사람이 말할 때 목소리는 너무 높지 않게 조용조용하게 하는 것이 좋고, 움직이거나 일할 때 필요한 기운(힘)은 엄숙한 것이 좋다.
　사람이 많이 모이는 곳에서 혼자 고래고래 소리치며 잘난 체하는 사람들을 볼 수 있다. 또 힘이 세다고 남을 잘 때리거나, 물건을 때려 부수는 사람도 볼 수 있다.
　모두 저 잘난 것 같지만, 아무도 그런 사람을 존경하지 않는다. 오히려 그런 사람을 피하게 된다.

頭容必直 立容必德
두 용 필 직 입 용 필 덕

[머리 모습은 반드시 곱게 하고,
서 있는 모습은 늘 덕스럽게 하라.]

한자의 뜻과 소리

頭(머리 두) 容(얼굴 용) 必(반드시 필) 直(곧을 직) 立(설 립) 德(덕 덕)

보충설명

사람의 얼굴 모양은 남에게 알리는 데 매우 중요한 구실을 하는 게 사실이다.
그 다음으로 중요한 것은 얼굴과 함께 보이는 머리라고 할 수 있다.
요즘은 개성 시대라고 하여 젊은 가수나 연예인들은 일부러 까만 머리를 노랗게 파랗게 물들이는가 하면, 머리칼을 까치집처럼 만들기도 한다.
그러나 머리는 알맞게 깎고 잘 빗어서 단정하게 하는 것이 남의 눈을 기쁘게 한다. 또 서 있는 모습도 바르게 안정되게 보이는 것이 남 앞에 올바른 예의이다.
신체의 모든 부분은 머리에서 발끝까지 단정하며 자연스러운 것이 가장 아름답고 멋지다는 사실을 알아야 한다.

修身齊家 治國之本
수 신 제 가 치 국 지 본

[자신의 몸을 수양하고 집안을 다스리는 것은
나라를 다스리는 근본이다.]

 한자의 뜻과 소리

修(닦을 수) 身(몸 신) 齊(가지런할 제) 家(집 가) 治(다스릴 치)
國(나라 국) 本(근본 본)

 보충설명

'수신제가(修身齊家)'란 내 몸을 잘 닦고 집안을 잘 다스리는 것을 말한다. 이 말은 세상을 살아가는 데 가장 중요한 덕목으로 누구나 첫번째로 실천해야 할 일이다.

제 몸도 제대로(남 앞에 떳떳하게) 가지지 못하고, 가정 생활도 올바르게 하지 못하는 사람이 어떻게 사회에 나가 큰일을 하겠는가?

그러므로 장차 나라를 위하는 큰 일꾼이 되려면 그 기초가 되는 자신과 자기 집안부터 바르고 떳떳하게 다스려야 한다.

역사적으로 훌륭한 인물들은 모두 어려서부터 '수신제가'의 교훈을 잘 실천한 사람들이다.

士農工商 國家利用
사 농 공 상 국 가 이 용

[선비와 농부와 기술자와 상인은
국가에 이로움을 준다.]

한자의 뜻과 소리

士(선비 사) 農(농사 농) 工(장인 공) 商(장사 상) 國(나라 국)
利(이로울 리) 用(쓸 용)

보충설명

 공부를 열심히 한 선비, 땀 흘려 논밭을 가꾸며 농사를 짓는 농부, 기계를 만지고 기술을 익혀 많은 물건을 만드는 기술자, 좋은 물건을 양심껏 파는 상인 등 이런 여러 가지 직업인들이 국가를 이롭게 한다.
 이 세상에는 수천 수만 가지 직업이 있다. 병원의 의사, 간호사, 약국의 약사, 소방관, 경찰관, 우편 집배원, 학교 교사, 변호사, 판사, 검사, 은행원, 회사원 등등이 모두가 사회와 국가에 도움을 주는 사람들이다.
 이처럼 각자 직업을 가지고 열심히 일하는 모든 국민들은 국가와 사회에 기여하고 도움을 주는 훌륭한 사람들이다.

鰥寡孤獨 謂之四窮
환 과 고 독 위 지 사 궁

[나이든 홀아비와 젊은 과부와 고아와
자식 없는 늙은이, 이를 사궁(四窮)이라고 한다.]

한자의 뜻과 소리

鰥(홀아비 환) 寡(홀어미 과) 孤(외로울 고) 獨(홀로 독)
謂(이를 위) 窮(가난할 궁)

보충설명

결혼했지만 살다가 이혼하거나 배우자가 먼저 죽어서 과부나 홀아비가 된 사람이 있다. 그런가 하면 부모를 일찍 여의고 고아가 된 어린이도 있다. 결혼은 했지만 슬하에 아들 딸이 없는 외로운 노인도 있다. 우리 주위에는 이런 불행한 사람들이 많다.

이 글에서 '사궁(四窮)' 이란,
첫째, 아내를 잃어버린 늙은 홀아비
둘째, 일찍 남편을 잃은 젊은 과부
셋째, 어려서 일찍 어버이를 잃은 고아
넷째, 늙어서도 자식이 없는 사람
이렇게 외롭고 불행한 네 부류의 사람을 일컫는 말이다.
우리는 이런 불행한 사람들의 마음을 헤아려 따뜻이 대해 주어야 한다.

發政施仁 先施四者
발 정 시 인 선 시 사 자

[정사(政事)를 펴고 인(仁)을 베풀 때는
먼저 사궁(四窮)에게 베풀어야 한다.]

한자의 뜻과 소리

發(필 발)   政(정사 정)   施(베풀 시)   仁(어질 인)   先(먼저 선)

보충설명

옛날에는 임금이나 나라의 관리, 고을 수령들이 정사를 돌볼 때 가난한 사람과 불행한 사람을 우선으로 여겼다.

그 중에서도 사궁(四窮)에 해당되는 늙은 홀아비, 젊은 과부, 어린 고아, 자식이 없는 노인을 제일 먼저 보살폈다고 한다.

오늘날에는 소년 소녀 가장들이 많다. 이들 가운데는 부모가 안 계시는 고아도 있지만, 부모가 병들어 눕거나 불의의 사고로 나이 어린 소년 소녀가 집안 살림을 꾸려 나가는 경우도 많다.

이런 사람들을 우리는 따뜻이 대하고 도와 주어야 한다.

읽기자료

숨어서 하는 봉사

　남을 위해서 대가를 바라지 않고 묵묵히 일하는 것을 우리는 '봉사'라고 합니다. 또 남을 위해 일하는 데 그치지 않고, 그로 인하여 자기의 목숨을 바치거나 거기 버금갈 만큼 자기를 포기하는 일을 '희생'이라고 합니다.

　어머니들은 대개 우리, 즉 아들 딸을 위해 봉사만 하는 것이 아니라 희생까지 마다 않고 달게 받아들이고 있습니다.

　우리 주위에는 어머니처럼 자기 한 몸을 희생하면서 남을 위해 일하는 고마운 분들이 많이 있습니다.

　1989년도 막사이사이상 '지역 사회 부문 공로' 수상자는 우리에게 전혀 알려지지 않은, 경상 남도 거제도라는 섬마을에 사는 김임순 할머니였습니다.

　일흔 살 고희도 훨씬 넘은 김임순 할머니! 그분은 '애광원'이란 보육원을 운영하고 있는데, 원생은 2백여 명 됩니다. 그러나 그 원생들은 몸과 마음이 건강한 보통 아이들이 아니었습니다. 그들은 모두 정신박약아들입니다.

　김 할머니는 1949년에 이화여자대학교를 졸업한 분입니다. 졸업하

던 다음 해에 6·25 사변이란 큰 전쟁이 일어났습니다.

　전쟁 중 거제도에는 20여만 명의 북한군 포로들을 위한 수용소가 들어섰고, 그 포로들을 감시하기 위한 유엔군은 물론 피난민들까지 잔뜩 들어와 있어서 크게 혼란스러웠다고 합니다.

　이런 어느 날 사회부(지금의 보건복지부)의 한 공무원이 김 할머니에게 와서 부모를 잃고 오갈 데 없는 고아(그것도 아주 어린 아기) 일곱 명을 좀 보살펴 달라고 부탁했습니다. 그 때 그 아이들을 맡아 기른 것이, 김 할머니가 결국 한평생 남의 아이들을 보살피고 키우는 봉사와 희생의 길로 들어서게 된 동기이지요.

　김 할머니는 부모 없는 아이들을 기르고 보살펴 주는 일이 하느님의 뜻이라고 믿으며 조금도 귀찮게 여기지 않았습니다.

　그 동안 길러 낸 고아만도 7백 명이 넘고, 그 가운데 34명은 대학 공부까지 시켜 훌륭한 일꾼으로 키워 냈다고 하니, 한 여성의 힘이 얼마나 고귀하고 위대한 것인지 우리는 짐작할 수 있습니다.

　김 할머니는 자신의 고아원을 1978년에 정신박약아 시설로 바꾸었다고 합니다. 그들은 대개 지능이 낮은데다가 언어 장애로 말까지 잘 못하고, 심지어 간질병까지 앓고 있는 아이들도 있어서 사회와 이웃은 물론 집안 가족들까지도 멀리하고 있답니다. 김 할머니는 이들을 마다 않고 맡아서 사랑으로 기르고 있으니 참으로 고마운 분이지요.

　우리는 정말 이런 분을 마음으로부터 존경해야 합니다. 또 남의 불행이나 어려움을 보고 그냥 지나치지 말아야 하겠습니다.

가슴 뭉클한 사랑의 손길

서울 강서구에 있는 경서중학교 교장실에 어느 날 40대 부인이 찾아왔습니다.

"교장 선생님, 소문을 들으니 학비를 못 내는 학생들이 있다기에 조금 돕고 싶어서……."

뜻밖에도 학비를 못 내는 가난한 학생들에게 그 부인은 장학금을 주어 돕겠다고 했습니다.

교장 선생님이 너무도 고마워 주소와 이름을 물어 보았지만 알리고 싶지 않다며 한사코 사절하였습니다.

"부인의 뜻은 고맙지만 익명으로는 받을 수 없습니다. 그러니 꼭 성함은 알려 주셔야 합니다."

"통장으로 돈을 넣겠습니다. 이 사실을 외부에는 절대 비밀로 해 주세요."

해마다 수백만 원씩 장학금을 보내는 이 부인의 가정은 그리 넉넉지 않은 평범한 집이었습니다.

十室之邑 必有忠信
십실지읍 필유충신

[열 집밖에 안 되는 아주 작은 마을에도
반드시 충성되고 믿음 있는 사람이 있다.]

한자의 뜻과 소리

室(집 실) 邑(고을 읍) 必(반드시 필) 忠(충성 충) 信(믿을 신)

보충설명

　훌륭한 인재, 충성스런 젊은이, 혹은 예술이나 운동에 뛰어난 사람 등 나라에 쓸모 있는 인물들은 꼭 인구가 많은 대도시에만 있는 게 아니다. 두메 산골이나 외딴 섬마을 같은 사람이 별로 많지 않은 곳에도 훌륭한 인재가 있는 법이다.

　우리 나라 초대 대통령을 지낸 이승만 박사는 황해도 두메 산골에서 태어났다. 또 김대중 대통령은 전라 남도 신안의 후광리라는 작은 마을에서 태어났다. 올림픽에서 금메달을 따고 국위를 선양한 황영조 마라토너는 강원도 삼척의 외진 마을에서 태어나지 않았던가?

　그러므로 우리는 내가 살고 있는 고장을 자랑스럽게 여기고 자부심을 가져야 한다.

내 이름의 소중함

김철수, 윤수진, 최종철, 강준규…….

사람은 누구나 이름을 가지고 있습니다. 그런데 훌륭한 일을 하고 남에게 큰 도움을 주며 사람답게 살다 간 사람들의 이름은 후세 사람들까지도 오래 기억합니다.

이를테면 이순신, 안중근, 슈바이쳐, 링컨, 예수, 석가모니, 공자, 이율곡, 이황, 유관순 등 얼마나 자랑스런 이름들입니까?

옛 어른들은 다음과 같이 이르고 있습니다.

"돈이나 재물을 소중히 여기지 말고 명예, 즉 자랑스런 자기 이름을 소중히 여겨라."

그렇습니다. 어떤 사람은 자기 이름 석 자를 아무것도 아닌 것처럼 여길지 모르지만, 이름이란 그 사람의 삶 전체를 담고 있는 것이나 다를 바 없습니다.

우리는 날마다 방송이나 신문을 통하여 수많은 사람들의 이름을 듣고 읽게 됩니다.

그런데 그 이름들을 두 가지로 구분해 볼 수 있습니다. 하나는 자랑스런 이름이요, 다른 하나는 부끄러운 이름입니다.

有 있을 유

信 믿을 신

農 농사 농

國 나라 국

남을 위하여 좋은 일을 한 사람의 이름이나, 어떤 분야에 큰 공을 세워 상을 받는 사람의 이름을 신문에서 보면 세상 사람들은 부러워하고 그 사람을 우러러봅니다. 얼마나 명예스러운가요?

 반대로, 강도나 살인을 하고 붙잡힌 사람, 남을 속이고 옳지 못한 짓을 하여 돈을 번 사람, 남을 협박하거나 고자질 등으로 남을 괴롭힘으로써 자기의 이익을 취하는 사람 등, 옳지 못한 짓을 하다가 세상에

알려지는 이름들은 얼마나 불명예스러운지요?

한번 잃어버린 명예를 되찾기는 참으로 어렵습니다. 그래서 우리 조상들은 자신의 이름을 더럽히지 않으려고 죽음까지도 두려워하지 않았던 것입니다.

그러면 우리의 이름을 깨끗하게 지키려면 어떻게 해야 될까요?

첫째는 무엇보다 이름에 어울리는 행동을 해야 합니다.

스승은 스승다운 몸가짐과 마음가짐을 가져야 되고, 학생은 학생답게 신분에 맞는 행동을 해야 합니다.

학교에 다니는 학생이 선생님의 가르침을 제대로 따르지 않고, 선생님을 존경하지 않으며, 아버지 어머니 말씀도 잘 따르지 않는다면, 세상 사람들은 그 학생의 이름을 떠올릴 때 즐겁지 못할 것입니다.

부모님이 지어 주신 내 이름은 나 혼자만의 것이 아닙니다. 반드시 그 조상까지 연결되어 있습니다. 그러므로 내가 나쁜 짓을 하여 불명예스러운 이름으로 세상에 알려지게 되면, 그것은 부모님을 욕되게 하고 거슬러 올라가서는 조상까지 욕되게 하는 것입니다.

둘째는 양심에 따라 올바르게 깨끗이 살아가는 것입니다.

남이 보지 않는 곳에서 온갖 못된 짓을 하거나 권력을 이용해 많은 사람에게 고통을 준 사람은 결코 존경을 받을 수 없습니다. 이런 사람은 아무리 좋은 벼슬을 했다 할지라도 결코 그 이름이 명예롭지 못할 것입니다.

一粒之穀 必分以食
일 립 지 곡 필 분 이 식

[한 톨의 곡식이라도
반드시 나누어 먹어야 한다.]

粒(알 립) 之(갈 지) 穀(곡식 곡) 分(나눌 분) 以(써 이) 食(밥 식, 먹을 식)

이 글에서는 '한 톨의 곡식이라도 남과 나누어 먹어야 한다.' 고 가르치고 있다.

내가 한평생 살아가려면 많은 사람들과 더불어 살아가야 한다. 아무리 재주 있고, 아무리 잘 나고, 아무리 돈을 많이 가지고 있어도 혼자서는 살아갈 수 없는 것이다.

그러므로 내가 먹는 것이나 쓰는 물건을 남과 나눌 수 있는 도량을 가지자.

내가 남에게 베풀면 반드시 그 이상이 내게 되돌아온다는 사실을 알아야 한다.

言則信實 行必正直
언 즉 신 실 행 필 정 직

[말은 믿음이 있고 참되어야 하며,
행실은 반드시 정직해야 한다.]

 **한자의 뜻과 소리**

言(말씀 언) 則(곧 즉) 信(믿을 신) 實(참될 실) 行(행할 행) 正(바를 정)
直(곧을 직)

 보충설명

'말과 행동', 이것은 '바늘과 실'의 관계와 비슷하다.

말은 번드르르하게 해놓고, 행동은 그 반대로 하는 사람이 많다. 그것은 바늘 따로, 실 따로 떼어 놓은 것과 같다. 바늘 귀에 실을 꿰어 넣어야 무엇을 꿰맬 수 있지 않은가!

말은 믿음이 가야(진실되어야) 하고 행동은 정직해야 한다. 이 말은 말이나 행동이 남에게 믿음을 줄 수 있게끔 정직해야 한다는 뜻이다.

만약 한 가정에서 가장인 아버지가 엄마와 아들 딸에게,

"우리 가족 모두 열심히 일하면서 저축하자. 그러면 우리도 잘 살 수 있다!"

이렇게 말하고 아버지는 날마다 술 마시고 노름만 한다면 어떻게 될까? 아버지 말에 믿음이 가지 않고 아버지 행동이 정직하지 못하므로, 그 가정은 결국 망하고 말 것이다.

一縷之衣 必分以衣
일 루 지 의 필 분 이 의

[한 가지의 의복이라도
반드시 나누어 입어야 한다.]

 **한자의 뜻과 소리**

縷(실 **루**) 之(갈 **지**) 衣(옷 **의**) 分(나눌 **분**) 以(써 **이**)

 보충설명

'한 가지 옷이라도 나누어 입어야 한다.' 는 말의 뜻은 무엇인가?

형제간이나 이웃간이나 나눔의 정을 가지라는 말이다. 우리가 남에게 논밭이나 집이나 혹은 냉장고, 세탁기, 피아노 같은 것을 주기는 쉽지 않다. 하지만 국수 한 그릇, 부침개 한 접시, 혹은 런닝셔츠나 Y셔츠, 양말이나 넥타이 같은 것은 얼마든지 서로 나눌 수 있다.

옛말에 '콩 한 쪽도 나누어 먹는다.' 는 말이 있듯이……

작은 것이라도 서로 나누어 먹고, 나누어 쓰는 것이 인정이며 사람의 도리인 것이다.

읽기 자료

남을 위한 작은 마음

우리가 하루하루 내 일에 쫓기다 보면 남은 전혀 생각할 수 없게 되기 쉽습니다.

어린이들 또한 공부나 숙제 또는 과외 같은 데 얽매이다 보면 조금도 남을 생각할 겨를이 없습니다.

어른들 역시 직장 일이나 집안 일에 얽매여 남을 까마득히 잊어버리고 지내기 십상입니다.

그렇지만 연말 연시를 맞이한다든지 명절을 맞이할 때, 우리의 이웃이나 가난하게 사는 사람, 불행한 일을 당한 사람들에게 따뜻한 정을 나누어 주는 것은 사회를 아름답게 하는 일입니다.

이런 일은 꼭 돈이나 물건을 주어야 하는 것은 아닙니다. 나를 특별히 보살펴 주고 이끌어 주신 선생님께 편지 한 장 올리는 것도 정을 나누는 일이 될 것입니다.

어떤 어린이는 해마다 연말이 되면 자기가 저금한 돈으로 양말이나 장갑을 사서 정성껏 포장해 놓고 거기에 짤막한 글귀로,

'집배원 아저씨, 추운데 얼마나 수고가 많으세요? 지난 일 년 동안 저희 집에 편지와 소포를 잘 배달해 주

正 바를 정
縷 실 루
衣 옷 의
分 나눌 분

셔서 감사합니다. 새해 복 많이 받으세요.'
하고 편지를 써서 전해 준다고 합니다. 작은 선물과 짧은 편지지만, 이런 정과 고마움을 어찌 돈으로 비교하겠습니까?

우리 주위에는 이런 사람도 있습니다.

"난 일 년이 가도 남한테 편지 한 장 보내지 않고 받지도 않아. 시간 낭비하고 돈 없애면서 편지는 뭣하러 쓰지? 할 말 있으면 전화로 하면 될 거 아니야?"

이러한 생각을 가지고 평생 남에게 편지 한 장 쓰지 않고 사는 사람은 산다는 게 얼마나 재미없을까요?

'너는 네 것 먹고 살고, 나는 내 것 먹고 살면 그만이다.'
하는 식으로 산다는 것은 모든 것을 산술적으로만 계산하며 사는 사람만이 가능할 것입니다.

"얘, 영수야! 너 오늘 도시락 안 갖고 왔다지?"

"응, 오늘 엄마가 편찮으셔서 도시락을 못 가져왔어."

"그럼, 내 점심 같이 나누어 먹자. 자, 이리 와."

"그래, 고맙다."

이렇게 작은 정이 오갈 때, 우리는 서로 아끼고 사랑하는 마음이 두터워질 것입니다.

"오늘 경찰의 날인데, 우리 조그만 선물 마련해 가지고 파출소에 찾아가 인사 드리자."

그런데 다른 친구가,

"거긴 뭣하러 선물 사다 주니? 경찰관도 다 월급받고 일하잖니!"

이렇게 말한다면 어떻게 되겠어요?

우리는 남을 생각하는 작은 마음을 키워야겠습니다. 이런 작은마음이 모여서 사회를 아름답게 만들거든요.

積善之家 必有餘慶
적선지가 필유여경

[선(善)을 쌓는 집에는
반드시 많은 경사가 있다.]

 ### 한자의 뜻과 소리

積(쌓을 적) 善(착할 선) 家(집 가) 餘(남을 여) 慶(경사 경)

 ### 보충설명

중국의 대학자 공자께서는, '착한 일을 하는 집에는 반드시 경사가 넘칠 만큼 생긴다.' 고 했다.

사람들은 모두 복을 받고 싶어한다. 그래서 새해가 돌아오면 '새해 복 많이 받으세요' 하고 새해 인사도 한다. 하지만 평소 착한 일을 많이 한 사람이라야 복을 받는다는 사실을 깨달아야 한다.

작은 일이라도 남을 도와 주고, 내가 가진 것을 이웃에게 나누어 주고, 남에게 좋은 말을 하고……. 이런 것이 많이 쌓이면 큰 복이 되어 돌아온다.

찾아보면 착한 일은 우리 생활 속에 얼마든지 있다.

積惡之家 必有餘殃
적악지가 필유여앙

[악(惡)을 쌓는 집에는
반드시 재앙이 있게 된다.]

한자의 뜻과 소리

積(쌓을 **적**)　惡(악할 **악**)　家(집 **가**)　有(있을 **유**)　餘(남을 **여**)　殃(재앙 **앙**)

보충설명

'악을 쌓는 집에는 반드시 재앙(불행)이 있게 된다.'
이 말은 우리 생활에 꼭 기억해 두고 실천해야 할 교훈이다.
악(惡)이란 남에게 손해를 끼치거나, 남을 괴롭히는 나쁜 짓을 이르는 말이다.
'남을 속이고 자기가 이익을 취하는 일, 남을 괴롭히면서 자기는 즐거워하는 일(요즘의 '왕따'), 폭력을 써서 남의 재산이나 권력을 차지하는 일, 자기는 빈둥빈둥 놀면서 남에게 귀찮은 일을 시키는 것, 여러 사람 앞에서 제 자랑을 늘어놓고 남을 헐뜯고 욕하는 일, 공갈, 협박, 강도, 살인, 이 밖의 못된 것들도 모두 악에 속하는 것이다.
이런 짓을 하면서 자신은 행복하게 살려는 사람에게 하느님은 반드시 '재앙'이란 벌을 내린다.

쌓을 **적**

남을 **여**

경사 **경**

재앙 **앙**

正其誼而 不謀其利
정 기 의 이 불 모 기 리

[의(義)를 바르게 할 뿐
그 이익을 꾀하지 말라.]

한자의 뜻과 소리

正(바를 정) 其(그 기) 誼(옳을 의) 而(말 이을 이) 不(아니 불) 謀(꾀할 모) 利(이익 리(이))

보충설명

사람이 동물과 다른 점이 무엇인가?

옷을 지어 입을 줄 알고, 말과 노래로써 자신의 뜻을 알릴 수 있고, 글을 쓸 줄 알고…… 등 수없이 많다. 그러나 더 중요한 점은 옳고 그름을 분별할 줄 아는 능력이다. 또 옳은 일을 실천하는 힘을 가지고 있는 게 사람의 장점이요 특징이다.

그런데 자칫하면 눈앞의 이익을 위해서 정의로움을 잊어버리는 경우가 많다.

인간의 이런 약점을 고치라고 주는 교훈이 바로 '의를 바르게 할 뿐, 그 이익을 꾀하지 말라.' 라는 말이다.

양심적인 백화점 사장

지금부터 백여 년 전, 미국의 어떤 백화점에서 있었던 일입니다.

백화점 사장은 많은 점원들에게 정직을 가르치며, 찾아오는 손님들이 믿음을 갖고 물건을 사 갈 수 있도록 하라고 부탁하였습니다.

어느 날이었습니다.

사장은 철이 바뀜에 따라 새로 나온 상품을 들여왔습니다. 그리고는 점원들에게 새 상품에 대한 느낌을 정직하게 말해 보라고 했습니다. 그러자 점원들은 그 상품을 이리저리 자세히 살펴보고는 평을 했습니다.

나이가 들어 보이는 점원이 먼저 말했습니다.

"사장님, 새로 들여온 상품이 별로 신통한 느낌이 들지 않습니다."

"저도 그렇게 생각됩니다. 우아한 멋도 없고, 손님의 눈을 확 끌 수 있는 매력도 없습니다."

"먼저 팔던 상품과 별로 차이가 없어 보입니다."

점원들은 누구 하나 새로 들여온 상품에 대하여 좋다는 평을 하지 않았습니다.

其 그 기
其
誼 옳을 의
誼
謀 꾀할 모
謀
利 이익 리
利

"그만 하면 알겠네. 우리 점원들 눈에 좋지 않은 상품이라면 손님들에게 권하고 싶지 않구먼."

"사장님 말씀이 옳습니다. 결코 좋은 상품은 아닌 것 같습니다."

이런 말을 주고받을 때, 백화점 문이 열리고 점잖은 중년 부인이 한 분 들어왔습니다.

부인은 점원들의 공손한 인사를 받고는, 새로 들여온 상품이 없는가 살펴보았습니다. 그러자 약삭빠른 젊은 점원이 잽싸게 부인 곁으로 다가서더니 여태껏 좋지 않다던 새 상품을 내밀며 말했습니다.

"손님, 한번 보세요. 이번에 새로 들여온 상품입니다. 색감이나 품질이나 모양이 모두 최고지요. 저희 백화점에서 가장 내세울 만한 상품입니다."

조금 전까지만 해도 그렇게 볼품 없다고 말하던 점원이, 물건을 사러 온 부인 앞에서는 입에 침이 마르도록 물건이 좋다고 거짓말을 늘어놓는 것이었습니다.

"그럼 그것을 싸 주세요. 당신의 말을 믿고 사 가지요."

부인이 값을 치르려고 돈을 꺼냈습니다. 그 때, 백화점 사장이 앞으로 나서며 말했습니다.

"손님, 잠시 기다리십시오."

"아니, 왜 그러십니까?"

"실은 이 상품을 새로 들여오긴 했지만……."

지금까지 점원들과 주고받았던 이야기를 털어놓으며 사 가지 않는

게 좋다고 말했습니다.

"손님, 죄송할 뿐입니다. 오늘은 그냥 돌아가셨다가 며칠 후에 다시 들러 주십시오."

사장은 이렇게 부인을 정중히 돌려 보낸 다음, 아까 그 젊은 점원을 불렀습니다.

"자네는 오늘 경리과에 들러 봉급을 받아 가게."

"사장님, 오늘은 봉급날이 아니잖습니까?"

"물론 아니지. 하지만 자네에겐 먼저 봉급을 주도록 일러 놓겠네. 자네처럼 좋지 않은 상품을 좋다고 속여 파는 사람은 우리 백화점엔 필요 없네. 그러니 내일부터는 일을 그만 두게."

그 사장은 돈벌이보다 항상 신의를 존중해서, 마침내 미국에서 제일 가는 백화점을 만들었다고 합니다.